우울해의 바다를 건너며

우울해의 바다를 건너며

추천사 하나 | 우울증의 생존 도구로서 쓰이길

올해 5월 김태식 작가가 우리 교회에 나오게 되면서 그를 처음 알게 되었습니다. 알게 된 지는 그리 오래 되지 않았지만 만날 때마다 항상 웃고 있고, 교회 일에 적극적으로 참여하는 모습이 인상 깊었습니다. 저에게 추천사를 써달라는 글을 가져왔을 때 글을 읽고 솔직히 많이 놀랐습니다. 언제나 밝으신 분이 속으로는 '우울'이라는 마음의 아픔을 가지고 있었다니 말입니다.

우울증을 흔히 '마음의 감기'라고 부릅니다. 감기만큼 누구나 흔하게 걸릴 수 있고, 언제든 또 찾아오기 때문입니다. 감기처럼 생각해 아무렇지 않게 지나갈 수도 있지만, 잘못하면 내 삶에 심각하게 부정적인 영향을 끼칠 수도 있는 질환입니다.

책을 읽으면서 저자가 우울증으로 인해 느꼈을 고통을 생각하며 가슴 아팠고, 우울증을 극복하기 위해 스스로 많은 노력을 기울였을 것을 생각하니 대견스러웠습니다.

저자가 그러했고 또 희망하는 것처럼, 이 책이 우울의 터널에 빠지려고 하는 이들에게 생존 도구로써 쓰이게 될 것을 기대하며 이 책을 추천합니다.

동탄시온교회 담임목사
하근수

추천사 둘 | 우울에도 아침은 옵니다

'모든 병은 '상실'에서 온다. 가장 소중한 것을 잃었거나 자기 자신을 잃었거나 그럴 때 우린 이제 너무나 뻔해서 얘기하는 사람조차 낡아보이는 '희망'이라는 것에 의지할 수 밖에 없다. 그 뻔한 희망을 찾기 위해 우리들은 여기에 있다'

드라마 '정신병동에도 아침이 와요'에서 만날 수 있는 말입니다. 상실은 우울을 낳고, 우울은 다시 상실을 낳습니다. 누구나 피해갈 수 없는 마음의 문제들은 결국 우리 사회가 낳은 관계 속에서 파생됩니다. 그 뻔한 희망이 결국 해법이 될 수 밖에 없습니다. 누군가의 책임이 아닌 '정치'가 책임이라는 마음으로 저 역시 세상을 접하겠습니다. 우리 사회 공동선을 서로가 만들어가자는 약속이 있어야 합니다. 우울 속에서 맞는 잿빛하늘이 아니라 희망 속에서 맞는 파란하늘을 만들었으면 참 좋겠습니다. 저자 김태식님의 글이 '우울의 바다'를 넘어 희망을 찾는 깊고 넓은 바다가 되길 바랍니다. 저 역시 파란하늘 파란바다의 길 함께 하겠습니다.

이원욱

들어가는 말

우울증은 불편한 손님이다. 이 손님을 불러들인 것에는 일정 부분은 나의 책임도 있다. 하지만 이렇게 오래도록 눌러살게 될 줄은 몰랐다. 녀석은 기생충처럼 내 머릿속의 지하실 어딘가에 숨어 살면서 나의 정신을 갉아먹기 시작하더니, 어느 순간 주인 행세를 하기 시작했다. 불안한 생각의 꼬리가 이어지다가 끝내 병원으로 향하고 말았다.

우울증의 양상은 다양하다. 고립 증후군, 딜레마 증후군, 빈둥지 증후군, 램프 증후군 등 우울증과 연관된 증후군의 목록만을 가지고도 책 한 권을 만들 수 있다. 하지만 나는 의사가 아니다. 우울증 유경험자로서 내 경험을 공유하려 하는 것뿐이다. 무엇보다 우울증이란 이 기생충이 정말 지독한 건 치료 과정 자체에 있지 않다. 언제든 재발할 확률이 20~30%에 달한다는 것이다.

나는 오랜 시간 우울증과 불편한 동거를 하면서 몇 가지 사실을 알게 됐다. 우울증의 가장 근본적인 이유에는 '나에 대한 무관심, 학대 그리고 혐오'가 숨어있었다. 그렇기에 나는 나를 제대로 이해하고, 사랑하는 법을 배워야만 했다. 그걸 굳이 배워야만 아는 것이냐고 묻고 싶은 사람도 있을 것이다.

언젠가 〈남편을 모자로 착각한 여자〉라는 책을 본 적이 있었다. 이 책에는 '온딘 증후군'에 걸린 남자가 나온다. 이 증후군은 깨어있을 때는 숨을 쉬는 데 아무 문제가 없지만, 잠이 들었을 때 뇌가 계속 숨을 쉬어야 하는 것을 망각하게 만들어 사망에 이르게 만드는 증후군이다.

우리는 아무런 노력을 하지 않고, 무의식적으로 숨을 쉰다. 하지만 온딘 증후군 환자들은 늘 의식적으로 숨쉬기를 해야 한다. 밤에 잘 때는 인공호흡기를 달아야 하고, 낮에는 산소 포화도 검사기를 부착한 뒤 알람이 울리면 숨을 쉬어야 한다. 세상에서 가장 쉬운 '숨쉬기'라는 일이, 다른 누군가에겐 목숨을 건 어려운 일이 될 수도 있다는 걸 이 책을 보며 처음 알았다.

우울증도 그렇다. 세상에서 나를 가장 소중하게 생각할 수 있는 것은 나 하나다. 당연한 사실이지만 우울증은 이런 당연함을 망가뜨리고 망각하게 만든다. 따라서 우울증 환자에게는 내가 나를 소중하게 생각하는 것을 잊지 않게 해주는 '심리적 기계 장치'가 필요하다. 그래서 앞으로 내가 하려는 이야기는 무의미한 위로가 아니라 언제든 품에서 꺼내 쓸 수 있는 생존 도구 같은 이야기가 될 것이다.

● 목차

추천사 하나 | 우울증의 생존 도구로서 쓰이길   4
추천사 둘 | 우울에도 아침은 옵니다   6

들어가는 말   8

하나 - 우울증 환자가 될 수 있는 용기

  우울증, 가출 신고부터 하자   16
  우울증, 교류하고 싶지만 교류하고 싶지 않아   19
  우울증 그리고 열등감과 질투심   22
  거울을 들여다보라   26
  우리는 발현되지 않은 열매다   31
  부조리를 정면으로 응시하는 힘   35
  아픈 기억을 묻으려는 본능   40
  우울증을 이해하려면   46
  반격의 시작   49
  삶의 가치는 균형에서 비롯된다   52
  재습격의 징후들   56
  심리의 기초대사량   59
  마음속 죽은 솜 되살리기   63
  강박관념과 무기력감   66
  세상을 향해 던져라   69
  나는 아무것도 아니다   73
  재발, 제발 걱정하지 않아도 된다   76

둘 - 우울증을 이해하는 방법

아픔과 적응의 경계에서	80
기대 없이 기대는 법	82
집착과 미련을 끊어내는 아이러니의 힘	86
화내는 방법을 배워야 한다	91
원하든 원치 않든, 모든 경험은 힘이 된다	95
내 인생을 믿는 방법	97
세상이 변하는 이치	100
공허함을 털어내는 방법	104
자존심에서 자존감으로	106
타인에게 인정받고 싶다면, 나를 먼저 인정하라	109
왜 우리는, 왜곡된 관점으로 세상을 볼까?	112
자기 자신을 사랑하란 말은 위험하다	119
행복은 두 번 찾아오는 봄과 같은 것이다	121
미래는 과거보다 중요하지 않다	124
행복은 자아와 부딪히면서 의미를 얻는다	127
후회를 통해 배울 때가 있을 것이니	130

스스로 알 때가 있으리니　　　　　　　　　　133

덕과 턱의 차이　　　　　　　　　　　　　　135

나의 역사　　　　　　　　　　　　　　　　138

당신 마음과 화해하세요　　　　　　　　　　140

묻는 것을 부끄러워하지 않기를　　　　　　　142

우울은 내가 열어 놓은 창, 닫지 못하는 창　　145

마음에 늑대를 풀어 놓고, 사람이 되길 바라지 마라　148

셋 - 나와 나의 대화법

우리의 DNA에는 우물을 찾는 능력이 있다　　152

우울함은 포유류만의 진화 방식　　　　　　　156

우리의 삶은 우연으로 가득찬 필연　　　　　　159

엎어진 새집을 다시 짓는 방법　　　　　　　　162

추소, 근본으로 거슬러 올라가 살피다　　　　　164

행복의 반대말은 불행이 아닌 욕심　　　　　　166

우울증은 통제불가능한 지독한 의지력　　　　　169

마음 속에서 떨어지고 있는 낙엽	173
자해에서 빠져 나오는 길	177
우울증 보다 더 위험한 억지 웃음	180
동기부여는 위험하다	184
재미를 느끼지 못하는 것은 가장 위험한 것	187
우울증 환자에겐 언어 자본이 필요하다	190
우리는 우리 삶의 스탠드업 코미디언이 되어야 한다	193
우울증 극복을 위한 처방 60가지	197
글을 마치며	207

하나 ─ 우울증 환자가 될 수 있는 용기

우울증, 가출 신고부터 하자

우울증 환자에겐 용기라는 장치가 필요하다. '나는 우울증 환자'라고 인정할 수 있는 용기 말이다. 하지만 이 이야기를 '우울증은 용기가 없어서 벌어지는 문제'라는 식으로 비약하고 싶지는 않다. 병원에서 진단받을 정도의 우울증이라면 이미 용기로 해결할 수 있는 문제의 영역에서 벗어났다는 이야기다. 정신과 전문의를 찾아가 실종신고를 하는 게 먼저다. "내 정신이 가출한 것 같다"라고 말이다. 아이가 실종됐을 경우 골든타임이 2~3시간인 것처럼, 정신을 되찾는 것 역시 타이밍을 놓치면 장기 미아가 될 가능성이 높다.

그러나 왜 우리 대다수는 정신 가출 신고의 적기를 놓치는 걸까? 아이를 잃어버린 부모가 경찰서에 찾아가야 할 때 얼마나 용기가 있어야 하는지, 경험해보지 못한 사람은 모를 것이다. 세상

의 모든 사람들이 자신을 비난하고 욕할 것만 같다. 우울증 환자들도 비슷하다. 무엇보다 자신이 원망스럽고, 다른 사람의 시선이 두렵다. 어쩌다가 정신을 잃어버리게 됐는지, 그 계기가 무엇이었는지를 고민한다. 그런다고 답이 나오는 것도, 상황이 달라지는 것도 아닌데 말이다.

감기 환자가 감기에 왜 걸렸는지 심각하게 고민하면서 약을 먹는가? 주변 사람의 눈치를 봐가면서 병원에 가는가? 그렇지 않다. 몸이 아프면 얼른 약국에 달려간다. 정신이 아픈 것도 다를 게 없다. 그런데도 우울증 환자들이 병원에 가지 않으려는 이유는 무엇일까?

숨기고 싶기 때문이다. 나의 내면이 병들었다는 걸 타인에게 숨기고 싶은 것이다. 그러면서도 어떻게든 망가진 내면을 스스로 치료해 보려고 이런저런 방법을 동원한다.

망치가 망가졌는데, 그 망치로 못을 박을 수 있는가? 정신이 망가졌는데, 그 정신으로 올바른 해답을 찾을 수 있는가? 그럴 수 없다. 하지만 고집을 부린다.

정신은 날로 피폐해질 뿐 아무것도 할 수 없는 지경에 이른다. 이런 상황이 되어서야 비로소 병원을 찾는다. 대증요법에만 의지하려는 암 환자가 치료 시기를 놓쳐 암을 키우는 것과 다를 게 없다.

우울증, 교류하고 싶지만 교류하고 싶지 않아

'교류'라는 말의 사전적 의미는 '서로 왕래를 주고받는다'라는 뜻이다. 그러나 오늘날 우리는 이 두 마디 단어를 부담스러워하며, 외면하며, 기피하며 살아간다. 다른 누군가에게 아무것도 받고 싶지 않고, 아무것도 주지 않아도 되니 '편하다'라고 말한다. 외로움을 느끼지도 않고, 누군가에게 사랑을 느껴본 적도 없으니 이대로 혼자 살아가는 것도 괜찮다고 말하는 사람들도 많아진 것 같다.

나는 이렇게 말하는 사람들에게 묻고 싶다. 편한 것이 정말 좋은 걸까? 괜찮은 것이 정말 괜찮은 걸까? 온갖 사람들을 다 만나본 끝에 '나는 혼자가 편하다'라고 말하는 사람과 애초에 사람을 만나보기 위해 어떤 노력도 기울이지 않은 상태에서 '나는 혼자가 편하다'라고 말하는 것은 완전히 다르다.

삶에서 오로지 안전하고 편한 것만을 추구한다면, 반드시 그 대가가 돌아오기 마련이다. 이것은 마치 우리가 평소 나쁜 자세로 앉아있을 때는 '편안함'을 느끼고, 올바른 자세로 앉아있을 때는 '불편함'을 느끼는 것과 흡사하다. 왜 나쁜 자세가 편하고, 왜 올바른 자세는 불편한 걸까? 나쁜 자세란 하중을 관절과 인대로 버티며 근육을 덜 사용하는 것이다. 그렇게 오랜 시간을 내 편한 대로 삐딱하게 살다 보면 몸은 망가질 수밖에 없다. 마음도 다를 게 없다. 편한 대로만 살면 우리 마음에도 성인병이 생긴다. 어느 순간 이기심, 집착, 미련, 욕심이 당신의 혈관을 움켜쥘 것이다. 교류의 회로는 새카맣게 타들어 가고, 모든 타인과의 만남에 장애가 일어난다.

교류란 운동과 같다. 운동이란 사실 안전하게 다치는 것이다. 운동을 통해 우리는 근육섬유에 미세한 상처를 낸다. 우리 몸은 이 상처를 치료하기 위해 위성세포를 가져오고, 단백질을 가져와서 매꾼다. 그러면서 근육의 두께가 늘어나고 힘이 생긴다. 우리의 마음이 성장하는 원리도 비슷하다. 우리는 상대방과 교류를 주고받는 과정에서 매번 좋은 것만을 받지는 못한다. 서로 생각하는 것이 다르고, 행동하는 것도 다르기에 서로의 마음에 크고 작은 상처를 낼 수 있다. 이 '부정적'인 경험이 시간을 두고 아물면서 마음에 '긍정의 근육'을 만들어 주며 우리를 성숙하게 만든다. 대다수의 건강한 사람들은 이러한 과정들을 무의식적으로 수행한다. 반면 우울증 환자들은 이런 과정을 두려워하고 회피하려 한다.

그러니까 대부분의 후천적인 우울증은 성격이 부정적이어서 생기는 마음의 병이 아니라, 문제를 회피하려다 보니 성격이 부정적으로 굳어버리면서 생겨나는 것이다. 우울증 환자들이 갑자기 성격이 긍정적으로 변했을 때 주변 사람들이 관심을 가지고 지켜봐야 하는 이유도 여기에 있다. 높은 확률로 자살을 생각하고 있을 가능성이 있다. 죽으면 더 이상 삶으로 고통받지 않아도 된다는 생각에 기뻐하고 있는 것이다. 평범한 주변인들이 생각하기엔 '성격이 나아졌나 보다' 혹은 '병이 나아가는 건가 보다'라고 생각할 거다. 하지만 전혀 그렇지 않다. 우울증과 회피 성향이 극단으로 가면 자기 생명마저 회피하려 할 수 있다. 이럴 때 주변의 이해와 도움이 필요한데, 단지 성격이 나아졌다고 착각하면 큰 위험에 빠질 수 있다.

우리는 삶에서 서로 다른 사람들과의 교류를 통해 성장하고, 서로의 시선과 경험을 공유함으로써 인간다움을 더해갈 수 있다. 평온함과 안정은 중요하지만, 오직 편안함과 안주(安住)만을 추구한다면 당신은 성장하지 못하고 자신의 마음속에 갇혀버리게 될 수 있다.

우리는 서로에 대한 이해와 배려, 그리고 다양한 경험과 교류를 통해 풍요로운 삶을 살아갈 수 있다는 사실을 잊지 않길 바란다.

우울증 그리고 열등감과 질투심

열등감과 질투심이란 사실상 하나의 덩어리로 움직이는 감정이다. 나와 상대를 비교하면서 열등감을 느끼고 내가 가질 수 없는 것에 대해 질투심을 느끼는 거다. 하지만 열등감과 질투심이란 누군가에겐 때로 삶의 투지를 일깨우는 연료가 될 수 있다. 밑바닥부터 자수성가를 한 사람들의 이야기를 들어보면 그들 중 열에 열은 성장 과정에서 자신이 가지지 못한 것에 대해 열등감과 질투심을 느꼈고, 이를 해소하기 위해 전력으로 매달렸다는 걸 알 수 있다.

물론 우울증 환자에게 이러한 감정은 역효과를 불러일으킨다. 우울증이란 우리가 뭔가를 간절히 바라고 그것을 얻기 위해 최대한 노력하는 행동 자체를 무의미함으로 치환해버린다. 성공을 위해 최선을 다하고 보상을 기다리는 것이 보통 사람들의 보상체계라면, 우울증 환자들의 보상체계는 정상적으로 작동하지 않는다.

그래서 우울증 환자들은 주로 힘든 과정 없이 주어지는, 즉각적인 보상에 탐닉하고 몰두하게 된다. 술, 도박 등 손쉽게 더 많은 도파민을 얻을 수 있는 것에 집착하게 된다. 물론 이렇게 쉽게 도파민을 얻은 뒤에 찾아오는 감정이란 늘 자기혐오에 가까운 것이다. 이런 상태에서 열등감과 질투심이란 감정이 덧붙여지게 되면, 좁디좁은 자신만의 세계 속으로 더 깊게 파고들어 버리게 된다. 잘못된 자가 진단을 내리고 최악의 처방을 해버리는 것이다. 말하자면 최악의 돌팔이 의사는 멀리 있는 게 아니라 바로 '나'다.

내가 나를 누구보다도 잘 안다고 말하는 이 돌팔이 의사는 나에게 잘못된 처방을 내리고, 심지어 그 책임을 가족이나 친구들에게 돌린다. 정말로 친구나 가족들이 우울증을 촉발시킨 원인일 수도 있다. 하지만 우리는 기계가 아니다. 같은 원인이 있어도 같은 결과가 나오지 않는다. 그러니 누군가가 당신에게 부정적인 영향을 미친다고 해도 이를 받아들일지 말지는 당신의 선택이다. 불행한 환경에 놓여있는 모든 사람들이 전부 우울증에 걸리는 건 아니라는 사실을 생각해보면 간단하지 않은가?

지금의 시련과 고통은 일종의 백신 같은 것이다. 앞으로 더 큰 어려움이 닥쳤을 때 이를 견딜 수 있게 만들어 준다. 부정적 경험은 당신의 성격을 긍정적으로 만들어 주는 디딤돌이 된다. 삶이 무엇인지, 인간이란 무엇인지에 대해 생각하는 것은 그냥 철학자에게 맡기자. 지금 당신에게 필요한 건 살아가는 것이고, 살아가기 위한 행동을 하는 것이다.

물론 알고 있다. 우울증에 걸린 사람이 이런 생각을 하기 쉽지 않다는 걸. 우울증 환자들은 생각을 멈출 수 없어서 항상 뇌가 과부하 상태에 걸려있다. 그러므로 정작 행동하는데 쓸 에너지가 없어서 무기력해지는 것이다. 가만히 앉아서 아무것도 하지 않으면서 자기모멸감, 열등감, 질투심에 사로잡혀 살아가는 환자가 된다. 내 몸을 내 스스로 감정 쓰레기통으로 만드는 것이다. 이는 내가 나에게 가하는 학대다.

그렇다면 어떻게 해야 이런 잘못된 감정의 쓰레기통에서 벗어날 수 있을까? 우리 몸에는 외부의 위협을 감지하고, 항상성을 유지하려는 동물적인 본능이 있다. 머리로 생각하는 것은 줄이고, 몸으로 기억할 수 있는 일들을 찾아야 한다.

우울증 환자는 뭔가를 생각할 때 땅굴을 파들어가면 안 된다. 내 생각 자체에 침잠되어서는 안 되며 적당한 거리두기가 필요하다. 조금씩이라도 밖에 나가서 걷고, 내 손으로 직접 밥을 차려 먹어보는 이런 일상적인 행동이 중요하다. 그렇게 해야만 우울증과 물리적인 거리두기를 할 수 있고, 우울증이라는 불편한 친구와 카톡을 차단하고 이별을 고할 수 있다.

거울을 들여다보라

　철학자 라캉은 '나는 내가 아닌 곳에서 생각한다. 고로 나는 생각하지 않는 곳에 존재한다'라고 말했다. 데카르트가 '나는 생각한다, 고로 존재한다'라고 말했던 것과 대조적이라고 볼 수도 있다. 하지만 나는 두 사람이 같은 진리를 말하고 있다고 생각한다. 우리는 생각하기에 존재할 수 있고, 생각할 수 없는 곳에 존재할 수도 있다. 라캉과 데카르트의 두 관점을 모두 받아들일 수 있다면 어떨까? 주관적인 시선을 당당하게 드러내면서도 하나의 관점에 매몰되지 않고 타인의 시선에서 나를 바라보는 자기 객관화가 가능할 것이다.

　그런데 문득 이런 궁금증이 들었다. '나의 주관적 시선을 드러내는 것'과 '타인의 시선에서 나를 바라보는 것' 중 어느 것이 더 어려울까? 아무리 생각해도 후자인듯하다. 자기 객관화에는 필연적으로 '죄책감에 가까운 부끄러움'이 필요하다. 무엇에 죄책감과 부끄러움을 느끼는 걸까? 우리의 생각이 명확한 한계를 가지고 있고, 고정관념과 편견으로 이루어져 있다는 사실에 죄책감과 부끄러움을 느끼는 것이다.

우리는 고정관념과 편견을 가지고 세상을 본다. 이건 당연하다. 고정관념과 편견이란 복잡한 삶을 살아가는 데 있어 빠른 판단을 내려주는 도구이기 때문이다. 고정관념을 통해 우리는 본능적으로 위험한 사람을 가려낸다. 외모, 눈빛, 차림새 등을 보고 상대방이 정상이 아니라고 느끼면 그 자리를 피하려 한다.

편견 역시 마찬가지다. 편견이란 우리가 세상 모든 책을 읽어볼 수 없고, 세상 모든 사람과 이야기를 나눠 볼 수 없다는 한계에서 비롯된다. 그래서 만약 누군가가 '나는 일체의 편견이 없는 완벽한 객관의 경지를 이뤘다'라고 말한다면 그는 미치광이이거나 사이비일 것이다. 이런 부류의 사람들은 자신의 편견을 이해하려 하기 보다는, 제 생각을 다른 사람이 이해해 주지 못하는 것이 잘못됐다고, 이 세상이 잘못됐다고 말한다. 그런 사람들의 삶의 실제 경험치는 열에 아홉은 습자지보다 얄팍하다. 그러면서도 근거 없는 신념으로 가득차 있다. 오래된 이야기지만 '책을 한 권도 안 본 사람보다 오직 한 권의 책만 본 사람이 가장 위험하다'라는 말이 있다. 이런 사람은 되도록 피하는 게 정답이다.

우리는 하나의 경험만으로 세상을 이해했다 생각하지 말고 더 많은 것을 경험해봐야 한다. 과거의 그림자에 사로잡히기보다는 오늘의 거울을 들여다 봐야한다.

우리는 거울을 통해 주관적인 나와 객관적인 나를 함께 볼 수 있다. 즉, 주관과 객관은 거울에 비치는 나의 모습이 완전히 다른 존재라고 할 수 없는 것처럼 하나의 개념으로 생각해야 한다. 대립하는 개념으로 분리해서 보면 안 된다는 말이다. 우울증을 극복하는데 있어 이는 매우 중요한 개념이다.

우울증 환자들은 보통 사람들이 생각하는 것처럼 비이성적이거나 감정적인 바보가 아니다. 모든 우울증 환자가 히키코모리처럼 집 안에서 고립되어 살아가는 것도 아니다. 의외로 우울증 환자 중에는 굉장히 현실적인, 객관적인 사고를 하면서 보통 사람들과 다를 바 없는 것처럼 살아가는 경우도 많다. 그런데 우울증 환자들은 공통적으로 사고의 체계가 어느 한쪽으로 치우쳐져 있다. 오직 주관적인 관점으로만 세상을 보려 하거나, 오직 객관적인 관점으로만 세상을 보려 한다. 그래서 감정이 극단적으로 슬퍼지거나, 감정이 극단적으로 메마르는데, 이것 모두가 우울증이다. 이 두 가지 극단적인 사고 체계 안에는 자신에 대한 '낙인(烙印)'이 있을 뿐, '낙관(樂觀)'을 찾아보기 힘들다. '지금은 힘들지만 그래도 잘될 것'이라는 생각을 하지 못한다. 어느 쪽이든 간에 희망이 없어지는 것이다.

우울증이 의심된다면 샤워 후 거울을 들여다보길 바란다. 당신의 얼굴을 보았을 때 극단적으로 '모르겠다'라는 감정이 드는가? 타인의 얼굴을 보는 것 같은 느낌인가? 보통 사람들은 샤워 후 거울에 비친 자기 얼굴을 보며 자기 외모가 평균 이상은 된다고 생각한단다. 말하자면 약간의 허튼 생각으로 잠시나마 긍정적인 생각을 불어넣는 것이다. 우울증 환자는 이런 생각을 하지 못한다.

자기 내면과 관련된 생각에 온통 사로잡혀 있으므로 실제 나와는 무관한 엉뚱한 생각이나 상상을 할 여유가 없다. 그래서 의외로 굉장히 활동적인 연예인이나 유명 강사들 중에서도 우울증을 호소하는 사람이 많다. 항상 사람들의 시선을 의식하기 때문에 사고의 흐름이 내 자신에게 몰릴 수밖에 없다. 그러다 보면 자신도 의식하지 못하는 사이에 뇌에 과부하가 걸리게 된다. 따라서 사고의 흐름이 어느 한쪽으로 쏠리는지를 잘 살펴보고 의식적으로 머리를 쓰는 것을 잠시 멈추고 쉬면서 '나에 대한 과도한 나의 관심'을 줄여야만 한다는 것이 내 생각이다. 그렇게 하지 않으면 당신은 순항 중에 갑자기 튀어나온 우울증이라는 암초에 걸려 이러지도 저러지도 못하는, 난감한 상황에 처할 수 있다.

자, 당신의 배가 암초에 걸려서 곧 침몰하게 되었다고 생각해보자. 당신은 구명보트에 옮겨 탔고, 운좋게 무인도에 도착했다. 다행히 구명보트에는 물 없이도 먹을 수 있는 며칠 분의 식량이 있었다. 자, 이제 무엇을 해야 할까? 보통 사람들은 불을 피우거나 물을 만들거나, 식량을 찾거나, 잠자리를 준비해야 한다고 할 것이다. 모두 틀렸다. 아무것도 하지 말고 우선은 버티는 것이 가장 현명한 방법이다. 24시간 동안은 뭔가를 먹지 않아도 체력을 유지할 수 있기 때문이다. 조난된 상태에서 뭔가를 무리하게 하려다가 도리어 더 위험한 상황에 처하게 되거나, 탈진하여 사망하는 경우가 더 많다. 하루가 지난 뒤에는 식량을 조금씩 먹으면서 구조를 기다려야 한다. 조급함은 위태로운 상태의 당신을 더 큰 위험으로 몰고 가는 가장 큰 적이다. 우울증의 가장 큰 적 역시 조급함이다. 항상 여유를 가져야 한다고 말하고 싶다.

우리는 발현되지 않은 열매다

가정이 있다는 것은 울타리가 있다는 말이고, 최소한의 보호막이 있다는 뜻이다. 남편, 아내, 자식이라는 특별한 관계는 우리의 불안감을 낮춘다. 하지만 이를 당연한 것으로 받아들이는 순간, 사랑의 온도계는 식어 버린다. 어째서일까? 우리의 마음은 항상 상대적인 것이기 때문이다. 상대성을 잊어버리는 순간 모든 관계는 매일 반복되는, 권태로운 것에 지나지 않게 된다. 종종 사소하게 다투는 부부가 1년 내내 아무 말도 하지 않는 부부보다는 훨씬 건강한 관계라는 것을 생각해보면 간단하다.

인간관계 속에서 뭔가 사소한 긴장감과 불편함이 있다면, 그건 당연한 것이고 자연스러운 것이다. 긴장감과 불편함을 느끼기에 상대방에게 뭔가를 요구해보기도 하고, 내가 상대방에게 맞춰 타협하기도 할 수 있는 것이다. 즉 인간관계는 고정적인게 아니라 유

동적으로 계속해서 맞춰 가는 것이다.

나는 왜 이 사실을 몰랐던 걸까? 왜 나는 긴장감과 불편함을 마냥 피하려고만 했을까? 나보다 더 큰 심리적 고통이 있어도 살아가는 사람이 있단 사실을 이해했더라면 좋지 않았을까? 그래서 언젠가 어떤 사람이 나에게 '나도 고통을 안고 살아요'라고 말했을 때 생뚱맞게 눈물을 흘렸던 경험이 있었다.

우울증을 심하게 앓던 때 나의 마음이 얼마나 뒤틀려있었는가 하면 '너는 귀한 사람'이란 말이 '너는 치료가 안 되는 별종의 인간'이란 말로 느껴졌을 정도였다. 우울증과 더불어 심한 피해망상증이 나를 괴롭혔다. 약을 먹으며 희망의 내일을 기대하기도 했지만 조급한 마음은 계속해서 내 마음에 불쏘시개들을 집어넣었고, 우울증은 쉽게 사그라지지 않았다. 계절이 바뀌고, 화창한 날이 왔음에도 나는 두려움으로 봉인된 미라가 되어가는 느낌이었다. 좋아질 거라는 변명의 그림자를 지켜볼 뿐이었다. 희망을 믿지 않으면서도, 희망이 있기를 바랐다.

사람이란 건 이런 식이다. 몸이 안 좋다는 걸 알면서도 추우면 추워서, 더우면 더워서 운동을 하지 않는다. 그러면서도 몸에 대해 걱정만 한다. 포기하고 싶지 않다면서, 힘이 없다며 슬그머니 자기 자신을 돌보는 것에 손을 놓아버린다.

나는 나에게 계속해서 물었다. 너도 그렇게 살고 싶은가? 나는 우울증 환자일 뿐 비겁자가 되고 싶진 않았다. 천둥이 치고 바람이 불고 비가 내린다고 생을 포기하려는 나무가 있던가. 인간이 아무리 잡초를 이겨보려 해도, 녀석들은 다음 날이면 잡초 같이 되살아난다. 사람과 잡초가 다른 지점이 여기에 있다. 아무리 노력해도 잡초는 잡초다. 하지만 사람은 다르다. 아무리 멸치같이 마른 사람도 열심히 운동을 하고, 식이조절을 하면 자신이 가진 골격 안에서 근육질의 인간이 된다.

공부도 마찬가지다. 평생교육원 같은 곳에 가보면 얼마나 많은 만학도들이 뒤늦게나마 열심히 공부를 하고 있는지 새삼 놀랄 것이다. 그러니 '될성부른 나무는 떡잎부터 알아본다'라는 오래된 속담은 정말 오만한 거짓말이다.

이에 반하여 '열매를 봐야 나무를 알 수 있다'라는 말도 있다. 이 말은 마태복음에서 예수가 한 이야기다. 나는 종교와 상관없이 후자를 믿는 쪽을 택했다.

부조리를 정면으로 응시하는 힘

우리가 '다이어트를 한다'라고 가정해보면 정말 많은 선택지가 있다. 피트니스, 복싱, 수영 그리고 시중에서 경쟁적으로 팔고 있는 다이어트 보조제도 그중 하나다. 당연한 이야기겠지만 약만 먹어서 다이어트를 할 수 있을까? 불가능하다. 다이어트의 궁극적인 목표는 단순히 체중을 줄이는 게 아니라, 불필요하게 몸에 쌓여있는 지방을 걷어내고 근육을 늘려서 '건강한 몸'을 만드는 것에 있다. 우울증이라고 다를 게 없다.

자, 이렇게 생각해보자. 왜 우울증을 치료해야 하는가? 우울을 느끼지 않는 사람이 되기 위한 것인가? 그렇지 않다. 우울증을 치료한다는 것은 궁극적으로 '회피하지 않는 인간'이 되기 위한 것이며, '나와 나를 둘러싼 세상의 부조리를 정면으로 응시하는 인간이 되는 것'이다. 이를 위해서는 당신이 매일매일 뇌에 적립하고 있는 포화지방 같은 불필요한 생각들을 걷어내야한다.

　물론 쉽지 않다. 몸에 쌓이는 지방에는 예민하면서도 머릿속에 쌓이는 감정에는 그다지 신경 쓰지 않는 것이 우리들이기 때문이다. 왜일까? 전자는 눈에 보이지만, 후자는 눈에 보이지 않으니까 그렇다. 그러니 우리는 얼마나 부조리한 존재인가. 이런 부조리를 모르는 것도 아니다. 그러면서도 부조리와 맞서 싸우기보단 이를 회피한다.

　일상적으로 수많은 핑계를 댄다. 우울증 치료에 필요한 약을 먹을 때도 그렇다. 약 보다 더 중요한 것이 있을 거야 혹은 약만 먹으면 괜찮아-라는 생각을 한다. 하루하루를 살아가는 내 삶의 작은 습관들은 전혀 바꾸지 않는다. 물론 습관을 바꾼다는 건 쉽지 않다.

　당신은 부정과 긍정, 정상과 비정상, 낮과 밤, 선과 악을 분간할 능력이 없는 자기 마음에 절망할 것이다. 그렇기에 누구보다 외롭고, 오로지 당신만이 이런 고통을 겪는 것 같다. 그렇기에 우울증 환자들의 태도에는 늘 자기 연민과 자기 혐오라는 감정이 기본으로 탑재되어있다. 자기 삶이 무엇보다 가장 처연하고 비통하다. 하지만 한편으로는 나는 지금도 행복해, 건강하다고 거짓말을 한다. 그럴수록 인생은 내가 설정한 목표와 상관없이 망가진 뇌의 본능대로 흘러간다.

　나는 분명 심장과 뇌를 가지고 있고, 심장과 뇌로 생각하는 인간이지만, 심장과 뇌에는 분명한 간극이 있다. 뇌는 사실 당신의 꿈이나 목표 따위는 신경 쓰지 않는다. 뇌의 1순위는 언제나 육체적 생존이다. 이건 당연하다. 당신이 목표한 바를 이루기 위해서 뇌가 그것에 전념하느라 정작 숨쉬는 것을 깜빡 잊어버린다면 어떻게 되겠는가?

따라서 당신의 뇌는 분명 당신의 것이지만, 무의식의 영역에서 다른 중요한 일을 하고 있다. 따라서 만약 당신이 우울함을 느끼고 있고, 그것 때문에 육체적인 문제를 일으키고 있다면 뇌는 당신에게 '괜찮다고 생각해. 넌 아무 문제 없다고 생각해'라고 명령한다.

당신의 뇌는 당신을 둘러싼 문제가 근본적으로 해결됐는지에 대해선 아무런 관심이 없다. 일단은 무조건 살고 보려는 것, 그게 우리 뇌의 원시적 본능이다. 그렇기에 당신이 우울함을 달래기 위해 뭔가 달콤한 것을 먹어서 기분이 좋아졌다면, 그것을 계속 요구하는 것이 우리의 뇌다. 계속 케이크를 입으로 집어넣게 만든다. 당신의 뇌는 이대로 간다면 당신 몸이 당뇨병에 걸리게 될 거란 것 따위는 신경쓰지 않는다.

여담이지만 당뇨병을 병으로 인식하기 전까지 전 세계의 인간들은 비만을 부의 상징으로 여겼다. 역사시대 중국인들은 아무것도 일하지 않고 놀고먹으면서 누가 손톱을 더 길게 기를 수 있을지를 놓고 경쟁했다. 유럽인들은 누가 음식에 더 많은 후추를 뿌려 먹을 수 있을지를 놓고 경쟁했다. 이런 당뇨병 유발 경쟁이 끝나게 된 것은 사회가 변화하고, 건강에 대한 사람들의 의식 수준이 높아지게 되었기 때문이다. 우울증도 비슷하다. 당신은 우울증에 대해 얼마나 알고 있는가? 우울증은 1990년대 뇌과학의 출현, 뇌 진단 장비 및 치료 신약 개발에 따라 '정신질환'이 아니라 '뇌 신경계 질환'으로 새롭게 정의되었다. 따라서 당신이 우울증을 끝내고 싶다면 당신은 당신의 뇌가 우리 자신을 어떻게 휘두르는지 이해해야 한다. 그렇게 하지 않으면, 내가 나의 뇌에 제대로 대처할 수 없다. 강한 펀치도 날아오는 것을 알고 맞는 것과 모르고 맞는 것에는 엄청난 차이가 있다.

대다수의 우울증 환자는 '자기 뇌'와의 싸움을 두려워한다. 그래서 뇌가 원하는 대로 자기 스스로를 불리한 조건으로, 코너로 몰고 간다. 왜 우리 뇌는 자신을 구석으로 몰아가는 걸까? 우리의 뇌는 어떤 부분에서는 매우 원시적이라, 위험이 나타나면 맞서기보다는 숨는 쪽을 택하게 되어있다. 그게 본능적으로 쉬운 선택이다.

하지만 쉬운 선택을 하게 되면 단기적으로는 유리할지 몰라도 장기적으로 매우 위험한 상태에 빠지기 쉽다. 자신을 그렇게 불리한 위치로 몰아가면 몰아갈수록 유연한 대처가 불가능해질 수밖에 없다. 다른 사람들이 나에게 바라는 것이 그 무엇이든 간에 강요처럼 느껴진다. 흔하디흔한 '행복하라'는 말조차도 우울증 환자에겐 잔인한 말처럼 느껴진다.

말하자면 우울증 환자는 일종의 심리적 거식증에 시달리는 사람과 비슷하다. 거식증 환자에게 뭔가를 먹으라고 계속 말하면 더 거식증을 악화시킬 수 있는 것처럼, 우울증 환자에게 '행복하라'는 말은 거식증 환자에게 주어지는 케이크 같은 것이다.

우울증 환자는 행복을 받아들였을 때 벌어질 수 있는 온갖 문제들을 먼저 생각한다. 그러므로 우울증을 겪고 있는 분들께 이렇게 말하고 싶다. 내 자신의 생각에 내가 침잠되면 안 된다. 우울한 몽상, 생의 무의미함이라는 납덩이를 짊어지고 생각의 바다에 뛰어들면 안 된다. 그건 자학이며 자살행위다.

만약 당신이 얕은 우울증에 발을 담그고 있다면 빨리 빠져나오는 가장 것이 좋다. 반대로 우울증의 해저 깊은 곳에 머물러 있었던 상태라면 아주 서서히 물 밖으로 나와야 한다. 심해의 강한 압력 속에 있다가 갑자기 약한 압력이 작용하는 뭍으로 나오게 되면 우리 몸에 매우 치명적인 잠수병이 생기는 것처럼, 우울증 환자는 되려 우울을 벗어나는 과정에서 우울증이 심각해 질 수도 있다.

우울증 환자에게 섣부른 충고나 조언은 하지 않는 게 낫다. 이야기를 들어주기만 하면 그것만으로도 충분하다.

아픈 기억을 묻으려는 본능

본격적으로 우울증이 시작되었을 때, 나는 갈피를 잡지 못했다. 공포, 환각, 환청, 망상, 불안, 고독 같은 감정들이 연이어서 나타났다. 그때는 몰랐다. 아픈 기억을 묻으려는 본능에서 우울증이 시작된다는 사실을 말이다. 우울증은 머릿속 코끼리와 같다. '코끼리는 생각하지 마'라고 하면 오히려 코끼리를 생각하게 되는 것처럼, 아픈 기억을 생각하지 않으려 하면 할수록 그 기억은 더 분명해지고 코끼리처럼 덩치가 커졌다.

내가 고통의 소리에만 귀 기울일수록 나의 뇌는 우울의 카펫을 깔아서 그것만을 밟고 지나가게 만들었다. 우울의 카펫은 세상을 살아가면서 감사함을 느껴야하는, 소중한 것들이 바로 내 발밑에 있다는 사실을 느끼지 못하게 만들었다.

우울증 진단을 받고 나서야 누군가가 건네주는 위안과 위로가

얼마나 소중한 것인지를 깨달았다. 물론 이런 따듯한 손길에만 머물러서는 안 된다. 셰익스피어의 소설 헨리 4세에서 "우리가 살아있다면 왕을 짓밟기 위해 사는 겁니다"라고 했던 것처럼 "우울증 환자가 살아 있다면 우울증을 짓밟기 위해 살아가는 것"이라고 말해주고 싶다.

우울증은 그것을 앓고 있는 동안에는 마치 나의 유일한 친구인 양 행동한다. 문제는 우울증이 나의 친구가 아니란 걸 내 스스로 알고 있음에도, 모른 척한다는 거다. '근묵자흑'이란 오래된 말처럼, 우울증과 가까이 어울리면 우울증에 물들게 된다. 나쁜 친구와 어울려 논 것은 누구의 책임인가? 우울증에 물든 것은 누구의 책임인가? 억울해도 일단은 내 잘못을 인정해야한다. 그리고 주변을 둘러봐야 한다. 지금 당신 곁에 조력자가 될만한 누군가가 있느냐를 살펴봐야 한다. 없다면 찾아야 한다.

조력자를 찾으려면 '우울증 환자가 이해하는 언어'와 '세상이 이해하는 언어'는 형식적으로는 같은 언어를 쓰고는 있지만, 근본적으로 '관점'이 다르다는 걸 받아들여야 한다. 우울증 환자는 나와 나를 둘러싼 세상에 대해 '모르겠다'라는 생각으로 가득하면서도, 납득 가능한 설명을 찾으려 한다. 하지만 '모르겠다'는 생각만이 들 뿐이다. 있는 그대로 받아들이지 못한다. 그러다 보니 끝없이 실망감과 좌절감을 느낀다.

보통 사람들이 우울증을 생각하면 '슬픔'이라는 감정을 가장 크게 생각하겠지만, 실제로 우울증 환자가 느끼는 감정 중 슬픔은 일부에 지나지 않으며 이보다는 '절망감'과 '무망감(Hopelessness)'을 더 강하게 느낀다. 무망감이란 내 자신과 이 세상 모두에 대해서 '희망을 느끼지 못한다'는 말이다.

하지만 세상은 그런 당신을 세상의 방식대로 이해한다. 나는 '왜 하필 이 질병이 나에게 찾아왔는지' 이해하지 못해서 무력감을 느끼지만, 이 세상은 '이 병은 누구에게나 찾아올 수 있는 질병'이라고 이해한다.

이 인식 차이는 아무리 세상이 바뀌어도 크게 달라지지 않을 것이다. 사실 그렇다. 당장 심적 고통을 받고 있는 당신에겐 잔인한 말이 될 수 있지만, 세상의 관점에서 보면 당신이 겪는 고통은 유별나고 특별한 게 아니다.

이러한 인식의 차이는 어디에서 시작되는 걸까? 당신이 우울증을 겪고 있는 가장 큰 원인은 '내가 나를 잘 모른다'라는 사실을 인정하기 어렵다는 데서 시작된다. 나도 그랬다. 나는 '내가 나에 대해 잘 모른다'라는 사실을 겉으로는 인정하면서도, 속으로는 '네가 나에 대해 뭘 알아?'라고 생각하는, 일종의 양가감정을 가지고 있었다.

그러다 보니 '나만이 이해할 수 있다고 생각한 우울증'을 보편적인 관점으로 누군가 풀어서 '그건 이러이러한 겁니다'라고 해석하고 치료하려는 것에 대해 불신감이 강했다. 치료를 받는 것보다, 치료를 받아야 한다는 사실을 받아들이는 게 더 어려웠다.

아무리 많은 전문가들이 오랜 기간에 걸쳐 의료 데이터를 쌓아왔다고 한들, 내가 그것에 대해 인정하지 않으려 하면, 모든 것들은 의미가 없는 것이었다.

그래, 내가 나를 모른다고 인정하자. 그러면 어떻게 나에 대해 알 수 있을까? 많은 다른 사람들과 이야기를 나눠봐야 한다. 우울증 환자가 아닌 사람들 역시 저마다 정신적 고통, 육체적 어려움을 안고 살아가는 경우가 많다. 구태여 표현하지 않을 뿐이다. 그들의 이야기를 귀 기울이며 들어봐야 한다.

물론 내가 당장 정신적으로 힘든데, 어떻게 다른 사람 이야기를 들어주겠냐고 생각할지도 모른다. 하지만 나는 그럴수록 다른 사람들과 이야기를 나눠보고 들어봐야 한다고 생각한다. 만약 당신이 오랫동안 우울증을 겪어왔고 나름의 대응을 하면서 살아가고 있다면 그 경험이 타인에게도 충분히 도움이 될 수 있다는 말이다.

그러니까 다른 사람을 돕는 것이 결국 나를 구할 수 있다. 우울증 환자들은 타인에게 뭔가 배려를 바라고 기대하는 면이 크다. 도움을 받으려는 쪽에 서려는 거다.

하지만 관점을 조금만 전환하면 당신이 도움을 주는 사람의 입장에 설 수도 있다. 당신은 누군가에게 도움을 받아야 하는 사람에서 누군가에게 도움을 줄 수 있는 사람이 될 수 있다. 내가 이렇게 우울증에 관한 글을 쓰고 있는 이유도 여기에 있다. 누군가 내 글을 통해 도움을 받으면 좋겠다. 당신이 간절히 살고 싶어 하는 마음을 받아서, 나도 살고 싶기 때문이다.

우울증을 이해하려면

우울증에 빠져있는 사람의 심리를 비유하자면 곧 밀물이 들이닥치는 상황에서 갯벌의 진흙에 깊게 발이 빠져있는 상황과 비슷하다고 할 수 있지 않을까? 이런 상황에서 어떻게 해야 갯벌을 빠져나올 수 있을까? 우선 바닥에 등을 대고 자전거 페달을 굴리듯 발을 빼내야 한다. 발을 빼냈으면 그대로 일어서면 될까? 그렇지 않다. 빠져나온 뒤에 그 자리에서 일어서면 다시 갯벌에 빠질 수 있다. 발을 뺀 후에는 무릎을 꿇고 기어서 위험지역을 빠져나와야 한다.

우울증을 극복하는 것도 이와 매우 흡사하다. 의학적인 치료만으로 모든 것이 끝나는 게 아니라, 자신이 처해있는 상황에 따라 현명하게 대처해서 우울증이라는 위험지대에서 빠져나오는 방법을 익히는 거다. 이건 치료인 동시에 일종의 생존 기술이다. 우울증에게 잡아먹히지 않는 나름의 방법을 만들어 내는 것이다. 이는 생존에 단 하나의 답이 있는 게 아니듯, 개인의 능력과 상황에 따라 답이 달라진다는 말이기도 하다. 우울증 환자가 살아가면서 부딪혀야 할 현실의 수많은 편견들도 그렇다.

많은 사람들이 여전히 '우울증 환자는 정신력이 약해서 그런 거'라고 말한다. 반대로 '우울증은 약만 먹으면 쉽게 낫는 감기'라고 보는 사람도 있다. 의사 등 특정 직업군에 속한 사람들이 아닌 이상 우울증에 관해 올바른 시각을 가진 보통 사람들은 찾아보기 힘들다. 그러다 보니 당장 누구에게 도움을 구해야 할지도 막막하다. 그리고 이런 시기에 가장 두려운 현실이 닥쳐온다. 불안이라는 존재다. 사실 우리가 느끼는 불안감에서 오는 걱정은 실제 현실에서는 거의 일어나지 않는다. 그런데 왜 자꾸 불안감이 느껴지는 걸까? 이를 이해하려면 우리는 우리 몸에 대해 알아야 한다.

우리 몸은 호르몬에 의해 조절된다. 대표적으로 세로토닌이 낮을수록 폭력성과 우울증이 심하게 나타난다는 건 다들 아는 이야기일 것이다. 세로토닌은 어떻게 얻을 수 있을까? 20~30분 정도 햇볕을 쬐는 것이 가장 쉬운 방법이다. 평소 햇볕을 보기 힘든 북유럽 국가의 사람들은 햇볕이 나오는 날이면 다들 일광욕을 하러 집밖으로 뛰어 나올 정도라고 한다.

정말 햇볕이 도움이 될까? 의심스러웠지만 햇볕을 쬐러 나갈 겸 걸어서 근처 구립도서관에 다니기 시작했고, 우울증과 관련된 서적들을 보기 시작했다. 큰 기대는 하지 않았다. 하지만 이런 행동 변화가 몇 달 반복되자 마음속에 늘 끼어있던 검은 구름이 밀려가는 느낌이 들기 시작했다. 일상을 살며 수없이 '해야 하는 일'과 '할 필요가 있는 일'을 적어왔다. 하지만 그것 중 어느 것도 제대로 해본 게 없었다. 나는 실천하지 않는 몽상가와 같았던 거다. 작지만 소중한 성공으로 가는 길에 필요한 것은 '몽상'이 아니라 '몸을 움직이는 실천과 행동'이다. 나는 그제야 우울증과 어떻게 '물리적 거리두기'를 할 수 있는지를 조금이나마 이해할 수 있었다. 몸을 이용한 아주 작은 성취가 나를 살리기 시작한 것이다.

반격의 시작

도서관에 나가면서 나의 불완전함을 인정하고 우울증을 완벽하게 치료해야겠다는 생각을 포기했다. 많은 사람들은 나에게 '포기하지 말라'고 했는데, 사실 나를 살린 건 아이러니하게도 포기였다. 그런데 왜 하필 도서관에서 그런 생각을 했을까? 도서관 서가의 장서들을 보면서 이런 생각이 들었다.

과연 내가 이 중에서 볼 수 있는 책은 몇 권이나 될까? 내가 볼 수 있는 책은 이 많은 책 중 극히 일부에 불과하다. '나는 한계가 명확한 사람'이라는 생각이 들었다. '포기할 것은 포기해야 한다'라는 생각이 나에게 자유를 가져다주었다. 나는 한계가 명확한 사람이기에 나만의 치료 효과에 빠지면 위험하다는 걸 깨달았고 늘 의심의 눈으로 바라봤던 의사 선생님, 나와 비슷한 처지의 사람들과 적극적으로 교류하며 치료 지식을 습득했다. 그러면서 내가 얼마나 편협한 마음으로, 내가 생각한 것이 곧 정의고 그것만을 믿고 살았는지를 알게 됐다.

감정에 따라 행동하기보다는 '행동에 따라 감정을 받아들이는 법'을 익혀야겠다고 생각했다. 그간 나는 감정을 잘못 소비하고 있었다. 정작 감정적이어야 할 때는 제대로 된 감정을 느끼지 못했다. 감정적이지 않아도 될 때는 감정을 터트려서 주변 사람들을 힘들게 했다. 가족이나 친구에게 터놓고 솔직하게 말하지 못한 것도 문제였다. 돌아보니 문제가 너무 많았다. 자기연민이든 자기혐오든 이런 것에 빠져서 인생을 허비하고 싶지 않았다. 반성은 좋지만 그것이 극단적인 생각으로 빠진다면 의미가 없다.

언젠가 미국에서 저널리스트로 활동하고 있는 한 여성분의 기고 글이 번역되어 우리나라 신문에 나온 것을 우연히 본적이 있다. 하버드 출신인 그녀는 하버드 88학번 졸업 30주년 행사에서 친구들을 만났고, 그들 중 인생을 계획대로 살아간 사람이 한 명도 없다는 걸 알았다고 한다. 그리고 대부분의 친구들이 젊었을 때 왜 그렇게 타인에게 날이 서있었는지, 비판적이었는지를 부끄러워했다고 한다. 정작 자기 자신에겐 한없이 관대했으면서 말이다.

그렇다. 아무리 하버드 출신이라도 시간을 뛰어넘어 성숙해질 수는 없었던 거다. 우리는 모두 단점이 있고, 특정 분야에선 천재 같아도 다른 부분에선 바보 같은 면이 있다. 그럼에도 우리는 각자

의 방식대로 어떻게든 세상을 살아간다. 하지만 우울증 환자들은 내가 누군가보다 뒤처졌고, 필요 이상으로 못났다고 생각하기 쉽다. 공격성이 외부로 향하는 게 아니라, 나 자신에게 향하는 거다. 정말 그럴 필요가 있는가? 조금은 뻔뻔해지면 안 될까?

　나는 나에 대한 과도한 집착을 조금만 내려놓기로 했다. 그렇게 생각하니 나는 내가 해온 많은 후회, 자책들이 사실은 얼마나 가혹한 것들이었는지를 알게 됐다. 이런 행동들이 어떻게 나의 뇌와 몸을 망가뜨렸는지도 뒤늦게 깨닫게 됐다.

삶의 가치는 균형에서 비롯된다

틈날 때 마다 푸시킨의 시를 읽으며 '삶의 가치'에 대해 깊이 생각해보았다. 해는 항상 하늘에 떠있지만, 그 햇빛을 받아들일 것인지 말 것인지는 결국 내 자유의지에 달렸다. 그러니까 햇빛의 가치는, 나의 가치 인식에 따라 달라진다. 용기와 노력도 마찬가지다. 용기와 노력은 누구에게나 있는 태양 같은 것이다. 문제는 당신이 태양을 등지고 그림자만 보고 있거나, 그냥 눈을 감고 있다는 거다. 그러니까 빛은 어디에나, 언제나 있다는 말이다.

그럼에도 당신은 스스로를 생각할 때 '나는 아무런 용기도 없고 노력도 할 수 없는 사람'이라고 생각할 수도 있다. 하지만 아무리 비만 환자라고 할지라도 우리는 모두 근육을 가지고 있고, 뼈를 가지고 있다. 그렇기에 움직일 수 있다. 다만 지방에 가려져 근육이 보이지 않는 거다. 지방을 걷어낼 수 있는 건 오로지 나의 의지다.

마찬가지로 나에게 스며든 우울증은 나만이 해결할 수 있다.

나는 이런 사실을 몰랐던가? 아니다, 알고 있었다. 하지만 실천은 쉽지 않았다. 어째서일까? 나는 나의 부족한 부분에만 집착하다가 정작 나의 장점을 잊어버린 거다. 나를 나로서 받아들이지 못하면서 누적된 감정이 우울증으로 진화했다.

어째서 이런 결과가 생겨났나? 습관 때문이었다. 우울증을 해결하려면 나의 습관들이 어디까지 진화했는지, 어떤 습관이 좋은 건지, 나쁜 건지 살피는 것이 중요하다. 어떤 습관은 좋은 것이고,

어떤 습관은 나쁜 것인지 어떻게 알 수 있을까? 간단하다. 당신이 당당하게 누군가에게 '이건 내 습관입니다'라고 말할 수 있는 건 대부분 좋은 습관이다. 하지만 다른 사람에게 터놓고 말하기 힘들고, 몰래 반복하고 있는 습관은 대부분 좋지 않은, 나쁜 습관이다.

나쁜 습관은 어떻게 없앨 수 있을까? 아니, 정말 그걸 없앨 수 있을까? 그렇지 못할 가능성이 매우 높다. 나쁜 습관이란 건 당신이 거기에 삶의 가치를 두었기에 생겨난 것이다. 나쁜 습관이란 것도 당신이 지금까지 삶을 유지해온 균형의 일부란 거다. 이를 바꾸고 싶다면 삶의 밸런스를 어떻게 바꿀지를 먼저 생각해야 한다.

만약 당신이 오로지 먹는 것에만 삶의 가치를 두었다면, 이 역시 삶을 유지해온 하나의 방식이다. 물론 몸에 문제가 생길 가능성이 높다. 하지만 당장 굶는 것으로 이 습관을 없앨 수 있을까? 당신의 뇌는 이미 먹는 것에 강력한 도파민을 맛보았기에 이를 의지 하나로 막는 건 거의 불가능하다. 그러므로 '먹는 만큼 운동을 한다'라는 자세로 삶을 운영해야 한다. 그러다 보면 자연스럽게 '많이 먹으면 운동을 많이 해야 할텐데, 반절만 먹자'라는 생각을 하게 되고, 운동이 습관이 된다.

삶의 가치는 이렇게 내가 어디에 무게를 두고 있는지를 생각하고, 그것이 한쪽으로 몰려서 문제가 된다면 반대편에 무게를 실어야 한다. 우리가 중요한 시험을 볼 때도 그렇듯, 아무리 고민을 해도 답이 안나올 거 같다면, 다른 문제로 넘어가는 게 답이다. 나머지 문제라도 풀어야 한다. 삶의 문제에 답이 잘 나오지 않는다면, 그건 아직 내가 삶에 관한 공부가 부족해서일 가능성이 높다.

삶에 관한 공부는 어떻게 해야 할까? 다른 사람이 나에게 주는 문제만 풀려고 바둥대기보다는 내가 나에게 문제를 주고 풀어 봐야 한다. 예를 들면 한번 그냥 숨이 찰 때까지 달려보길 바란다.

어떻게 하면 더 잘 달릴 수 있을까? 이 문제를 하나 해결해보자. 의외로 달리기를 잘하려면 배워야 할 게 많다. 운동화는 뭘 신어야 할까? 발은 어떻게 디뎌야 하며, 호흡은 어떻게 해야 할까? 어제는 1분만 달려보고, 내일은 2분만 달려보는 거다. 막연하게 불안감과 무력감을 없애려 하기보다, 생각의 무게를, 삶의 무게를 반대편에 싣는 거다.

달리기가 지겨워진다면 헬스는 어떨까? 복싱은 어떨까? 우리가 할 수 있고, 배울 수 있는 운동 종류는 정말 많다. 우리가 유일하게 이길 수 있고, 마음대로 할 수 있는 건 결국 내 몸밖에 없다는 걸 기억했으면 한다.

재습격의 징후들

어제의 성공이 내일의 실패를 만든다는 말이 있다. 우리는 '왜 실패했는지'는 잘 따져보지만, '왜 성공했는지'는 잘 따져보지 않는다는 말이다. 성공에는 오롯이 당신의 노력만이 들어가는게 아니다. 운도 매우 큰 부분을 차지한다.

이런 질문을 한번 던져보자. 어제는 마음이 즐거웠는데, 오늘은 왜 이렇게 마음이 무거울까? 어제 즐거웠던 건 어제의 이야기일 따름이다. 어제는 운이 좋았을지라도 그게 매일 이어진다는 보장은 없다. 하지만 우리는 사람이고, 사람은 비교의 생물이다. 습관적으로, 본능적으로 어제와 오늘을 비교한다. 이건 이상한 게 아니다. 우리는 상대적으로 낮은 위치에 있는 사람을 동정하지만, 상대적으로 높은 위치에 있는 사람을 동경한다. 적극적으로 가난해지고 싶어 하는 사람이 있을까? 적극적으로 인성 파탄자가 되고 싶은 사람이 있을까? 가난한 사람, 인성 파탄자들은 분명 현실에 널려 있지만, 어느 누구도 그렇게 되고 싶어서 노력한 사람은 없다. 거의 모든 인간에겐 거듭나려하고, 상승하고 싶어 하는 욕구가 있다고 생각한다. 하지만 이는 정말로 쉽지 않은 일이다.

그래서 우리는 좀 더 쉬운, 편한 방식을 택한다. '그래도 나는 너보다 낫다'라고 생각하는 거다. '상대적인 우월감'이라는 도핑을 한다. 이건 나보다 조금이라도 못난 사람을 찾아내기만 하면 매우 쉽게 얻을 수 있는 불법 약물 같은 거다. 그래서 나는 우울증 치료를 힘들게 만드는 이유 중 하나가 '상대적 우월감'이라 생각한다. 우리가 살고 있는 세상에서 비교할 것은 차고 넘친다. 내가 가진 돈과 상대방이 가진 돈을 비교하고, 나와 타인을 비교하면서 상대석 우월감을 느끼려 한다. 우울증 환자들 안에서도 이는 동일하게 적용된다.

내 우울증이 조금 나아지는 기미가 보이면, 나보다 안 좋은 처지에 놓인 사람을 깔보는 거다. 이런 우월감은 곧 교만감으로 이어지고, 반드시 받아야 할 정신적 치료를 등한시할 수 있다. 우울증은 이런 상황을 노린다. 언제든 당신을 재습격할 기회를 엿보고 있다가 당신의 교만이 정점을 찍은 순간, 바닥으로 끌고 내려간다. 그러므로 항상 겸손하되, 그 겸손이 '타인에게 착한 사람처럼 보이기 위한 것'이 아니라 '쓸데없는 우월감으로 교만해질 수 있는 나를 경계하기 위한 것'이 되어야 한다. 기계적 겸손함이 아니라, 자존감을 바탕으로 한 겸손이 필요하다. 겸손은 다른 사람의 장점을 본능적으로 깎아내리고 폄훼하는 '평범한 얼굴을 한 미친 인간'들로부터 나를 지켜줄 수 있다.

사람의 장점을 보면 그것에 자극을 받아 나도 저 사람처럼 되어야지 하고 노력을 하는 게 아니라, 그가 가진 단점을 찾아내 공격하는데 신경을 기울이는 이런 부류의 사람들이 있다. 그들은 때로 누군가의 문제점을 알면서도, 이를 장점으로 포장하기도 한다.

"넌 그냥 지금 이대로가 괜찮아."

왜 이런 사람들은 다른 사람을 망치기 위해 이렇게까지 하는 걸까? 간단하다. 자신은 그만큼 노력하고 싶지 않은 거다. 힘들게 노력하기 보다는, 모두가 내 아래에 있는 못난 인간이 되길 바라는 거다. 그들은 얼핏보면 매우 평범한 사람처럼 위장하기에 눈에 띄지 않는데, 건강한 겸손함을 가지고 있으면 이런 사람들을 금방 알아보고 쉽게 피할 수 있다. 예를 들면 필자가 직접 만났던 사람 중에 동종 업계에서 일하는 타인에 대해 근거 없는 뒷담화를 하면서, '그러니까 나는 서울 강남에 살고 그 사람은 지방 동네에 사는 거다'라는 말을 하는 사람이 있었다. 타인과의 비교를 통해 쓸데없는 우월감을 드러내는 사람 중 좋은 사람은 없었다. 그의 삶 역시 그다지 순탄치 못했다. 나는 정신 건강을 위해 그를 멀리했고, 지금은 그가 뭘 하고 사는지도 모른다.

심리의 기초대사량

운동을 하게 되면 자주 듣게 되는 단어 중 하나가 '기초대사량'이다. 나는 처음에 이게 무슨 뜻인지도 몰랐다. 쉽게 말하면 '가만히 앉아있고, 휴식만 해도 소모되는 열량'을 뜻한다. 아주 단순히 말하면, 기초대사량이 높은 사람은 보통 사람보다 많은 양의 음식을 먹어도, 알아서 열량이 더 많이 소비된다는 거다.

나는 이 이야기를 들었을 때 우리 마음에도 저마다 '심리적 기초대사량'이 있는 게 아닐까 하는 생각이 들었다. 그래서 누군가는 다른 사람에게 부당한 비난을 받아도 하루 정도 지나면 훌훌 털어버린다. 반면 누군가는 그것들이 빠져나가지 못하고 몸 안에 축적되어 버리면서 성인병처럼 문제를 일으키는 것이 아닐까.

그렇다면 심리적 기초대사량을 올리려면 어떻게 해야 할까? 우선은 다른 사람들을 관찰하고 지켜보는 것이 시작이 아닐까 한

다. 예를 들면 헬스장이나 공원 내 달리기 코스에 습관처럼 나가서 그냥 거기서 운동하는 다른 사람들을 지켜보는 거다. 계속 나가다 보면 분명 매일 같이 운동하는 사람, 그룹으로 운동하는 사람, 휠체어를 끌고 나온 할머니, 할아버지 등 많은 사람들을 볼 수 있다. 당장 운동을 시작하는 게 아니라(우울증 환자에겐 그럴만한 의지가 없을 가능성이 높다), 햇볕을 쬐는 것처럼 활동적인 사람들의 에너지에 자연스럽게 나를 노출시키는 거다.

실제로 옛날 증권사에서 처음 신입 사원을 받으면, 아무 일도 시키지 않고 하루 종일 주식 전광판을 보고 있게 했단다. 그러다보면 뭔가 보이지 않던 것을 느끼는 것이 있다고 한다. 저 회사 주식은 왜 갑자기 오르는 걸까? 저 회사 주식은 왜 갑자기 떨어지지? 이런 자발적인 관심을 갖게 하려는 의도였다. 사람이란 환경에 적응하는 생물이고, 환경 안에 놓이면 관심을 가지게 된다.

예를 들면 공원 트랙에서 운동하는 사람을 그냥 지켜보는 것도 비슷하다. 뭔가를 하고 싶다는 자발적인 생각이 들려면, 일단 그런 환경에 나를 가져다 놔야 한다. 공원에 있다보면 문득 궁금증이 든다. 저 사람은 왜 저런 이상한 운동을 하고 있는 걸까? 저 사람이 날리고 있는 드론은 어느 회사 제품일까? 곧장 뭔가 하려고 하기보다는 한동안 같은 곳에서 관찰을 이어가다가 뭔가 하고 싶다는 에너지가 충분히 모였다 싶었을 때를 노리자. 신발을 새로 하나 사야 한다는 그럴싸한 핑계를 대고 러닝용 신발을 알아보자. 아무리 살펴봐도 잘 모르겠으면 헬스장 선생님에게 러닝화를 추천해달라고 물어보면 금방 답이 나올 거다. 그리고 1주일에 한 번, 10분 만이라도 좋다. 다른 사람들과 함께 트랙을 걸어보자. 그들은 당신을 알지 못하지만, 당신은 그들을 오랫동안 지켜봐 왔을 것이다. 트랙을 뛰는 순간만큼은 모두 당신을 응원하고, 함께 뛰는 동료라고 생각하면 어떨까? 운동 파트너로 말이다. 그냥 그렇게 생각만 하는 건데 뭐 어떤가? 누구도 당신을 이상하게 보지 않을 거다. 하나의 목표를 위해 뛰는 사람들을 당신 곁에 두자.

    곁불을 쬐듯 그들 옆에 슬쩍 끼어들어서 함께 마음의 온도를 높이고, 함께 아주 작은 성취를 맛보길 바란다.

마음속 죽은 솜 되살리기

나는 박완서 작가의 문학 작품을 좋아한다. 특히 그분이 가지고 계신 가족에 대한 관점은 갈수록 삶이 팍팍해지고 있는 오늘날 되새겨볼 만한 의미가 있다고 생각한다. 박완서 작가는 "부모는 이불 같은 존재가 되어야 한다"고 했다. 더우면 찰 수도 있고, 추우면 덮어 줄 수도 있는 그런 존재가 되어야 한다는 말이다.

박 작가님의 이야기를 부모 자식 같은 혈연관계가 아니라, 내가 나를 대하는 심리에 적용해 본다면 어떨까? 요즘 세대들은 잘 모르겠지만 과거 우리나라에서 이불이란 건 매우 중요한 신혼 살림살이 중 하나였다. 또한 이불은 지금처럼 집집마다 세탁기가 있던 시대도 아닌지라, 한번 세탁하는 것 자체가 매우 큰 일이었다. 우선 요와 꿰매여있는 홑청을 족집게로 떼어낸 뒤 큰 대야에 넣어 발로 밟아가면서 때를 빼고 말린 뒤 풀을 먹여서 다시 말린다. 그리고 다시 바느질로 홑청과 요를 꿰매주는 일을 해야 했다.

나는 어머니의 노동력으로 만들어 낸, 풀 먹은 담요의 거칠지만 따듯한 느낌을 여전히 기억하고 있다. 요즘 세상에 누가 이불 바느질을 할까 싶지만 나는 우리의 마음에도 최소 1년에 한번은 깨끗이 세탁을 하고 풀을 먹여 준 뒤, 육체와 정신이 따로 놀지 않도록 꿰매줄 수 있는 바느질이 필요하다는 생각을 했다. 그래서였을까? 내가 바느질을 할 자신은 없었고, 다른 사람들이 바느질하는 영상을 한참 동안 열심히 찾아봤던 적이 있었다. 찢어지면 버리고 새로 사는 게 더 쉬운 세상이지만, 그럼에도 찢어진 이불보를 바느질로 기워 사용하는 분들이 있었다. 내 마음의 찢어진 귀퉁이를 저렇게 기워 맬 수 있다면 얼마나 좋을까. 물론 바늘이 들어가는 순간에는 정말 고통스럽겠지만 말이다. 인간관계에서 찬 바람이 불 때마다 나를 덮어 줄 수 있는, 보이지 않는 이불이 있다면 얼마나 좋을까.

문득 옛날엔 요 안에 들어가던 솜도 솜틀집에서 되살려 썼던 기억이 났다. 솜을 트는 것처럼 마음을 틀 수는 없는 걸까? 왜 나는 내 마음의 상처와 고통에만 집중하는 걸까? 이미 돌이킬 수 없는 상처와 고통에 매달리기보다는, 내 마음속에 '숨죽어 있는 솜'을 되살려 보면 어떨까? 그중 하나가 글쓰기였다.

나는 국문과나 문예창작과에 들어가서 글 쓰는 사람이 되고 싶었다. 부모님의 반대로 그렇게 할 수 없었지만, 지금은 다르다. 글

을 쓰면 안 될 이유가 없었다. 나에게는 새로운 고민이 생겨났다. 어떻게 하면 글을 더 잘 쓸 수 있을까? 고민하는 걸 고민하기보다는, 해결할 수 있는 고민을 해보는 것이 더 좋겠단 생각이 들었다.

강박관념과 무기력감

　우울증 환자들은 강박관념과 무기력감에 빠져 살면서 많은 갈등을 한다. 무기력하니까 강박적으로 뭔가를 해보려 하고, 강박에 지치다 보니 무기력해진다. 이 악순환의 굴레에서 해방될 수 있는 묘안이 있을까? 일단 당신이 강박적으로 하지 않아도 되는, 아주 자연스러운 것에 집중해보자. 예를 들면 '감사하다'는 말에서 한번 시작해보자. 나는 어느 날 집에 늦게 들어오던 길에 쓰레기를 치우고 계시는 환경공무원들을 봤다. 평소 같으면 그 쓰레기 냄새가 싫어서 빨리 그 자리를 벗어날 생각만 했겠지만, 문득 이런 생각이 들었다. 만약 누가 당신에게 새벽에 일어나 이름도 얼굴도 모르는 낯선 사람의 집 앞에 있는 쓰레기를 치우라고 하면 치워 줄 수 있을까? 돈만 주면 가능할까? 첫날은 어떻게든 할 수 있을 테지만, 최소 1년간 그 일을 해야 한다고 생각을 해보자. 생각보다 쉽지 않을 거다. 그런 생각에 이르자 그분들에게 고마운 마음이 들었고, 쓰레기를 나르고 계시던 환경공무원분에게 자연스럽게 "수고하세요"라고 했다. 그러자 그분도 "예, 감사합니다"하고 대답을 해주셨다. 처음엔 이런 말을 하는 것 자체가 매우 어색했지만 계속 반복하다 보니 그냥 습관이 됐다. 조금은 내가 좋은 사람이 된 기분이 들었고, 좋은 마음을 계속 확장시켜가고 싶었다. 그래서 나는 '감사하다'라고 말할 기회를 적극적으로 노리기 시작했다. 늘 의심의 눈으로 바라봤던 담당 의사와 매번 거친 말만 주고받던 친구에게 고맙다는 말을 했다. 감사하다는 말을 하다보니, 어떻게든 살아가고 있는 나 자신에게도 감사하다는 마음이 들었다.

우리의 모든 고민은 '지금은 불행한데, 앞으로 어떻게 행복해질 수 있냐?'는 데 있다. 이건 애초에 성립할 수 없는 말이다. 지금이 불행한데, 어떻게 미래가 갑자기 행복해질 수 있단 말인가? 따라서 지금을 행복하게 만드는 게 최우선이 되어야 하지 않겠는가? 나는 나를 행복하게 만드는 요소들을 적어보았다. 그리고 당장 가능한 것과 불가능한 것을 분리해 봤다.

당장 가능한 건 어떤 게 있을까? 가장 쉬운 건 청소다. 방 청소를 해볼까? 냉장고 청소를 해볼까? 옷 정리를 해볼까? 한꺼번에 해결하려 하지 말고 오늘은 책상만, 내일은 방만 치우는 거다. 다음날은 냉장고를 치운다. 냉장고도 오늘은 냉장실만 치우는 거다.

모레는 옷을 정리한다. 정리를 해놓은 뒤에는 그 장소에 '몇 월 며칠에 정리'했다는 내용의 포스트잇을 간단하게 붙여놓았다. 내 집이고, 내 물건이지만, 이를 정리하고 치워 주는 나에게 감사함을 느낄 수 있었다.

포스트 잇을 쓰기 시작하면서 조금 더 습관을 확장했다. 나중에 생각해도 되는, 지금 당장 생각하지 않아도 될 것들은 포스트잇에 적어서 붙이는 것으로 내 머릿속에서 하나둘씩 빼냈다. 기억하기 위해 적는 게 아니다. 잊기 위해 적는 거다. 이런 노력이 누적되면 어떤 결과를 얻을 수 있을까? 아무 노력도 없이 억지로 나를 용서하려 하기보다는, 내가 노력한 것이 눈에 보이고, 눈에 보이는 만큼 나를 용서 할 수 있게 된다. 이건 긍정적 사고도, 부정적 사고도 아니다. 선택적 사고다. 내 선택이 나를 만든다. 아무 선택도 하지 않으면? 내가 선택하지 않은 것이 나를 선택한다. 스스로 원치 않았던 무기력감과 강박관념이라는 녀석들이 나를 선택한다.

내가 내린 선택이 망할까 봐 두려운가? 어차피 망할 거라면 내가 의도해서 내 스스로 망하는게 낫다고 봤다. 그렇게 해야 또 다른 선택의 문이 열릴 거라는 생각이 들었다.

세상을 향해 던져라

언젠가 〈거짓말의 발명〉이라는 영화를 본 적이 있었다. 영화 속 세상엔 단 한마디도 거짓말을 못 하는 사람들이 산다. 오로지 사실(fact)만이 있다. 심지어 TV 광고에서도 거짓말을 못 해서 '사실 이 제품은 쓰레기 같은 제품이니까 사지 말라'고 할 정도다. 이 영화 속에 등장하는 주인공은 모든 면에서 부족한 사람인데, 우연하게도 자신이 이 세상에서 유일하게 거짓말을 할 수 있는 사람이란 것을 깨닫는다. 그는 처음에는 거짓말을 통해 사욕을 채우는 데 몰두하지만, 이로 인해 많은 문제가 발생하는 것을 깨닫는다. 그래서 그는 다른 사람을 위한 선의의 거짓말을 하면서 사람들에게 행복을 주는 것을 삶의 목표로 살아가게 된다. 이 영화를 보면서 이런 생각을 했다. 사실(fact)의 총합은 곧 진실(truth)이 되는가? 그렇지 않다. 진실은 거짓과 모순을 받아들이고, 이를 뛰어넘으려는 의지다. 따라서 거짓과 모순이 없는 세상이라면, 진실은 의미가 없다. 거짓과 모순 없는 세상이 있냐고? 동물들의 세상이 이렇다. 고양이나 개가 아무리 지능이 좋을지라도 자신을 둘러싼 세계의 진실이 무엇인지 따지면서, 학대당하는 다른 고양이나 개들의 권리를 지키기 위해 노력할 수는 없다. 자기가 살아가는 환경이 안온하고, 행복하면 그것으로 족하다. 반면 사람의 행복은 불편함과 괴로움 속에서 작동한다. 즉, 사람의 행복은 '행복-(불편함+괴로움)=순수 행복값'이라는 공식에 따라 도출되는 결괏값이 아니다. 불편함과 괴로움이라는 담금질을 거쳐, 행복으로 승화되는 것이다. 어느 누구도 이 과정을 거치지 않고 곧장 행복으로 갈 수 없다. 그렇다면 불편함과 괴로움이란 건 왜 생겨나는 걸까? 우리가 부족한 존재라서, 우리가 그 사실을 알고 있어서 그렇다. 물론 이런 사실을 알면서도 인정하지 않기도 한다. 내가 원하는 것을 상대방이 따라 주길 바라고, 내가 원하지 않는 것도 상대방이 따라 주길 원한다. 이런 일방적인 요구를 사랑이라고 착각한다. 그래서 처음에는 상대방을 억지로 이해해 보려다가, 결국 화를 내고 싸우게 되는 게 우리들이다. 그렇다면 정말 아무것도 바라지 말아야 한다는 소리인가? 그건 아니다. 당연히 우리는 부족한 존재인 만큼, 부족분을 어떤 방식으로든 채우고 싶어 하는 욕망이 있다. 다만, 그 욕망을 타인에게 억지로 요구한다는 게 문제다. 바라지 말아야 할 걸 나의 마음대로 타인에게 바라지 않아야 한다. 내가 싫어하는 것을 타인에게 요구하지 말고, 내가 좋아하는 것 역시 타인에게 요구하지 말라는 거다. 그게 아무리 좋은 의도일지라도 말이다. 나는 백화점을 구경하는 걸 좋아한다. 하지만 상대는 그렇지 않을 수 있다. 나는 영화 보는 걸 좋아하지만 상대는 그렇지 않을 수 있다. 타인은 나와 다른 생명체다. 그렇기에 뭔가를 해주기 전에, 먼저 뭘 원하는지를 물어야 한다.

나는 이런 생각을 나 자신에게도 확대해 볼 수 있을까에 대해 생각해봤다. '내가 생각하는 나와 실제의 나는 다른 존재'라고 생각해보는 것이다. 그렇다면 나는 나에게 물어봐야 한다. 내가 진짜로 원하는 건 무엇일까? 나에게 바라야 할 건 무엇이고, 바라면 안 될 건 무엇일까? 이 질문에 대한 해답은 생각을 통해 얻는게 아니라 행동으로 얻어내야 한다.

취미가 될 수도 있고, 사소한 루틴, 소일거리나 봉사활동도 좋다. 나는 이런 게 안 맞는구나. 하지만 이런 건 어떨까? 긍정적인 영향을 줄 수 있는 것이라면 시도를 해보는 게 좋다. 동기부여가 안 된다고? 이른바 상위 1% 부자들의 유튜브 영상에서 동기부여를 찾지 말고 내 안에서 찾아야 한다.

나에 대한 해답은 결국 내 안에 있다. 세상을 향해 걷고, 세상을 향해 나를 던져야 한다. 이게 나라는 잠긴 상자를 여는 유일한 방법이다. 던져서 깨는 것밖엔 사실상 열쇠가 없단 말이다. 물론 고통스러울 것이다. 하지만 이런 과정을 통해 우리는 한 가지 사실을 알 수 있다. 하나의 내가 깨진다고 해서 그대로 끝나는 게 아니란 거다. 당신의 내면 안에는 당신이 상상한 것 이상의 가능성을 가진 내가 숨어있다. 큰 인형을 열면, 그 안에 작은 인형이, 더 작은 인형이 숨어있는 마트료시카처럼 말이다.

나는 아무것도 아니다

"내가 아무것도 아님을 이해하는 것이 지혜라면 내가 전체의 일부라는 걸 깨닫는 것이 사랑이다. 그리고 그 둘 사이를 오가며 내 삶은 나간다." 인도 철학자 마하라지의 인생론이다. 이 말을 처음 들었을 때 나는 좀 혼란스러웠다. 내가 아무것도 아니라는 걸 어떻게 하면 이해할 수 있을까? 그의 말은 '나는 무가치한 존재라는 걸 깨달아야 한다'라는 뜻으로 한 말은 아닐 것이다.

어렸을 때는 누구나 자신을 이 세상에서 유일한 특별한 존재라고 생각하기 마련이다. 하지만 나이를 먹고, 우리는 우리가 생각보다 특별한 존재가 아니라는 사실을 자연스럽게 깨닫는다. 그렇다고 해서 꿈이 사라지는 건 아니다. 다수의 사람들은 이상과 현실의 차이를 깨닫고 가능한 방법을 찾아나간다. 대표적인 방법 중 하나가 '롤 모델'을 찾는 것이다. 우리가 걷고 있는 길은 이미 누가 걸

어왔던 길일 가능성이 매우 높다. 그런 의미에서 고통스럽지만 나는 아무것도 아니란 사실을 받아들이고, 롤모델이 걸어간 길을 따라가는 거다. 그러다보면 어느 시점에서는 나만의 길을 걷게 된다. 즉, 나를 비워야만 나에 대한 낡은 집착을 내려놓고, 새로운 나를 찾는 과정을 통해 지혜를 얻을 수 있다. 내가 아무것도 아님을 받아들일때 진정한 내가 될 수 있다. 마하라지가 했던 앞 말의 요지는 그런 역설이 아니었나 싶다.

그렇다면 '내가 전체의 일부'라는 건 어떻게 깨달을 수 있을까? 관계다. 나와 나를 둘러싸고 있는 사람들 사이의 관계를 생각해보자. 친구가 있을 것이고 부모님이 있을 것이며 같은 일을 하고 있는 동료가 있을 것이다. 우리는 타인과의 관계를 통해 서로에 대한 차이점을 알게 되고, 나에 대한 성장의 기회를 얻게 된다. 나아가 나의 성장을 위해서는 내 노력만으로는 불가능하다는 사실을 깨닫게 된다. 내가 아무것도 아니란 걸 깨달으면서, 어떻게 하면 다른 사람과 함께 성장할 수 있을지에 대해 고민하게 된다. 성장에서 성숙의 단계로 넘어가는 것이다. 문제는 우리 사회의 교육은 지식에 대한 학습은 많이 시키지만, 성숙에 대한 교육은 없다. 우리 사회가 과거 대가족이었을 때는 성숙에 대한 방법을 크게 고민할 필요가 없었다. 할머니, 할아버지가 옆에 있었고, 좋든 싫든 그분들과 함께하면 됐다. 하지만 이제는 우리 스스로 배워야만 한다. 우울증을 일으키는 가장 흔한 원인 중 하나가 결혼생활과 육아에서 비롯된다는 건 결혼 당사자들만의 탓이 아니다. 가족이 가족으로서 구심점을 만들어 주지 못하고 있기 때문이다. 모든 것이 각자도생에 가깝다.

다행히 우리에겐 역지사지의 마음이 남아있고, 남의 일임에도 자기 일처럼 걱정하는 마음이 남아있다. 어떻게 하면 우리가 서로를 사랑하고 보듬어 안을 수 있을까? 상대방에 대한 과도한 기대를 내려놓고, 상대를 자신의 기준으로 평가하지 말고, 그냥 이야기를 들어주는 것. 그게 이해의 시작이 아닐까?

재발, 제발 걱정하지 않아도 된다.

초기 우울증이 치료하기 힘든 병으로 점점 발전하면서 장기화하는 가장 큰 이유는 아이러니하게도 제대로 된 치료를 받으면서부터 시작되는 것 같다. 점차 증세가 낫기 시작하면서 이런 의문이 솟구쳐 올라온다.

다시 우울증이 재발하면 어떻게 하지? 이 병이 낫는다고 해서 내가 정말 제대로 된 삶을 살 수 있을까? 나와 나를 둘러싼 주변의 사람들은 바뀌지 않았는데? 모든 사람들이 나에게 아무것도 기대하지 않는 이대로가 차라리 편하지 않나?

이러한 두려움과 기대감의 교차는 그 폭이 크면 클수록 우울증을 장기화시키는 원인 중 하나가 된다. 처음에는 세발자전거를 타듯 느릿하게 시작됐던 우울증이 나중에는 고속 열차가 되는 것이다. 이런 가운데 병에 대한 두려움보다, 재발이 더 두려워진다.

하지만 한 번이라도 우울증을 이겨내 본 경험을 해본 사람이면 설령 다시 우울증이 재발하더라도 이를 슬기롭게 해결해 나갈 가능성이 매우 커진다. 물론 자신감과 자만심은 전혀 다른 것인 만큼 후자는 늘 경계해야 할 것이다. 여담이지만 어렸을 적에 소를 길렀는데, 언젠가 녀석이 웅덩이에 한 번 빠진 경험을 하고 난 뒤에는 이를 피해 가는 걸 본 적이 있었다.

우리는 인간을 제외한 다른 동물들이 오로지 본능만으로 살아간다고 생각하지만, 실제로는 그렇지 않다. 그들 또한 실패와 학습을 통해 배운다. 새들도 어린 녀석들은 둥지를 잘 짓지 못해 온갖 고생을 한다. 시간이 지나면서 둥지에 적합한 재료가 무엇인지, 어떻게 기초를 만들어야 하는지를 학습한다. 그런 관점에서 볼 때 우리 인간은 여우처럼 생각하고, 소처럼 걸어야 한다. 그렇게 해야만 불안과 의심의 함정을 피할 수 있고, 실수로 함정에 빠졌더라도 치명적인 골절상을 입지 않고 약간의 찰과상 정도로 벗어날 수 있을 것이다.

둘 - 우울증을 이해하는 방법

아픔과 적응의 경계에서

　아픔이란 무엇인가? '몸이 위태로우니 빨리 그 자리를 피하거나 낫게 하라'는 신체적 명령이다. 예를 들면 끓는 물이 손에 쏟아지면 우리는 뜨거움을 느끼고 얼른 찬물에 손을 담근다. 본능적인 회피이며 치료다. 그런데 아픔이라는 것이 피할 수 없는 일상이 되어버리면, 우리의 몸은 거기에 적응하는 쪽을 택하려 한다. 이 역시 자연스러운 반응이다. 이와 마찬가지로 우리의 뇌에 정보가 과다하게 흐르면 우리의 뇌는 우리에게 '휴식' 명령을 내린다. 하지만 이 명령을 무시하고 계속해서 휴식을 거부하면 어떻게 될까? 가볍게는 번아웃이 올 것이며, 더 심해지면 일중독자(워커홀릭)가 된다. 일중독자를 정신과적 병명으로는 '과잉적응증후군'이라고 부른다. 조금 아이러니한 병명이지 않은가? 적응을 과하게 하는 것도 문제가 된다니 말이다. 하지만 곰곰이 생각해보면 '적응' 또한 방향과 정도에 따라 과하면 분명 문제가 될 것 같다. 나도 한때 일에 미쳐 살았던 순간이 있었다. 그때는 일에 미쳐있지 않으면, 술과 여자 그리고 노름에 미쳐있었다. 일이 끝난 뒤 찾아오는 여백의 시간-허무함, 따분함, 심심함-에 어떻게 대응해야 할지 몰랐다. 건강한 취미를 가졌으면 좋지 않았겠느냐고 반문할 수도 있으리라. 하지만 당시의 내 정신상태를 고려한다면 분명 운동 중독에 빠졌을 거다. 뭘 하든 간에 좋지 않은 마음과 태도로는 안 좋은 결과만이 있을 뿐이라 생각한다. 심지어 우울증 환자가 아닌, 보통 사람들도 '건강한 취미'로 건강을 망치는 것만 봐도 그렇다. 왜 그렇게 여러 사람들이 테니스 엘보와 골프 엘보에 시달릴까? 통증을 느끼지 말아야 할 부위에서 통증을 느끼면서도, 몸이 통증에 적응할 것이며 곧 나아질 거라고 미련하게 생각하기 때문이다. 이런 잘못된 생각과, 잘못된 기대는 우리에게 부상만을 남긴다. 아픔과 적응의 경계에서 올바른 방식으로 상처받아야하고, 올바른 방법으로 회복해야 한다. 그렇게 해야만 우리의 마음속 근육도 제대로 성장할 수 있다.

기대 없이 기대는 법

　우리들 대부분은 태어나 죽을 때까지 두 발로 균형을 유지하며 살아간다. 우리 인간처럼 직립보행을 하는 생물은 지구상에 펭귄 정도에 지나지 않는다. 우리는 직립을 선택하면서 생물학적으로 많은 패널티를 받았다. 그럼에도 우리는 직립을 통해 두 손을 자유롭게 만들었으며, 어떤 동물들 보다 오래 걸을 수 있는 지구력을 얻었다. 그래서 여러 학자들은 인간이 지구에서 가장 강한 상위포식자가 된 이유를 '지구력'이라 추측한다. 사냥 도구가 변변치 않았던(혹시라도 돌도끼를 생각하는 분도 있겠지만, 아무 돌이나 돌도끼를 만들 수 있는 게 아니다. 여기에는 생각보다 매우 많은 경험과 정교한 손기술이 필요하다.) 원시인들의 사냥법 역시 동물들이 지칠때까지 쫓아가서 잡아 죽이는 식이었다고 한다. 또한 우리의 지구력은 육체적인 능력을 뛰어넘어 정신적으로도 이어진다. 대와

대를 이어가면서 수백, 수천년간 전통을 이어가고 문명을 만들었던 것을 생각해보면 정말 무서울 정도의 지구력이 아니겠는가? 이 지구력은 인간관계에도 그대로 적용된다. 다른 동물들은 자기 맘에 들지 않는 동물에게는 (그게 설령 동족이라 할지라도, 심지어 주인이라 할지라도) 공격하려는 본능이 있다. 하지만 우리는 맘에 들지 않는 사람이 있더라도 인간관계의 균형을 유지하면서 살아간다. 싫든 좋든 협동이 유리하다는 걸 알기 때문이다. 우리는 이러한 인간관계의 균형을 사회 차원에서 유지하기 위해서 법을 만들었고, 도덕과 윤리를 만들었고, 이를 시대에 맞춰 수정 보완해나가고 있다. 당연한 이야기겠지만 법, 도덕, 윤리가 지켜지지 않는 국가는 아무리 많은 부존자원을 가지고 있어도, 매우 불안정한 국가와 가난한 국민으로 머무는 경우가 많다. 우리의 마음도 그렇다. 매번 내가 정해놓은 마음속 룰이 순식간에 뒤집히고 지켜지지 않는다면 내가 아무리 많은 돈을 가지고 있다 한들 무슨 의미가 있을까. 따라서 우리의 마음을 건강하게 유지하려면 내 나름의 규정을 만들고 평생에 걸쳐 이를 수정 보완해 나가야 한다. 이 규정에서 가장 많은 분량을 차지할 수밖에 없는 것이 인간관계에 관한 것이리라. 인간관계에는 지속적인 보완과 필터링이 필요하다. 여기서 이런 질문을 던져보자. 그 필터링에 걸려드는 존재가 바로 내 자신이라면 어떻겠는가? 우울증의 함정에 걸려드는 많은 이유가 있지만, 자신이 생각하는 '행복한 삶의 기준'이 터무니없이 높은 경우가 많다. 여러 철학자들과 진화심리학자들은 이와 관련해 '행복은 삶의 목적이 아니다'라고 말하고 있다. 지금보다 더 큰 행복, 이보다 더 강력한 행복이 있을 것이라 생각하면서, 행복 그 자체에 집착하지 말란 것이다. 언제 올지 모를 그 행복을 달력을 보면서 기다리지 말길 바란다.

그래서 나는 '내가 삶을 살아가는 것 그 자체가 목적이 되어야 하며, 행복은 이에 뒤따라오는 그림자 같은 것이 되어야 한다'고 말하고 싶다. 이 생각은 프랑스 작가 카뮈가 했던 이야기를 곱씹으면서 떠올린 것이다. 그는 세상을 이해하기 위해서는 때로는 세상을 외면해야 한다고 했다. 어째서일까? 간단하다. 세상은 내가 아니기 때문이다. 그는 '나 아닌 다른 것에 거는 희망은 거짓 희망'이라고 했다. 하지만 우리는 부조리한 삶을 살아가는 인간이기 때문에 어쩔 수 없이 거짓 희망을 품고, 부조리 그 자체가 되어버리기도 한다. 엉뚱하게 세상을 원망하고, 엉뚱한 사람에게 원망의 화살을 겨눈다. 물론 그렇게 쏜 화살은 결국 지구를 한 바퀴 돌아서 자신의 등판에 박히기 마련이다.

우리는 외부 세계에 대한 쓸데없는 기대를 내려놓고 휴식(休食)을 취해야 한다. 휴식의 앞 글자인 휴(休)는 나무에 기대어 쉬고 있는 사람에서 유래된 글자다. 식(食)은 먹는다는 뜻이다. 그러니까 휴식의 사전적 정의는 그냥 쉬는 게 아니다. '쉬면서 먹는' 것이다. 당신의 마음에는 기대어 쉴 수 있는 나무가 있는가? 그 나무 아래에서 당신은 무엇을 먹고 싶은가? 우리 인간의 상상력은 생각보다 강력하다. 이것을 구체적으로 생각하는 것만으로도 부정적인 심리의 굴레에서 한 발 빠져나올 수 있다.

집착과 미련을 끊어내는 아이러니의 힘

우울증에는 강한 중력이 있다. 이 중력의 힘은 매우 강력해서 어지간한 힘으로는 극복할 수 없게 의지를 꺾어버린다. 빛조차 빨아들여 버리는 블랙홀과 같다. 이 블랙홀이 마음에 생기기 시작하면 우리는 가장 단순한 일조차 가파른 산을 오르는 것처럼 느끼게 되고, 꿈과 미래는 만년설로 뒤덮인 산맥으로 변해버린다. 그럼에도 우리 인간은 블랙홀을 연구하고, 에베레스트를 올라간다. 모든 도전이 그렇듯 방법은 존재한다는 말이다.

우울증도 다르지 않다. 우울증을 이겨내기 위한 방법 중 첫 번째는 아이러니. 아이러니는 우울증과의 싸움에서 강력한 도구가 될 수 있다. 우리는 아이러니를 통해 한 발 뒤로 물러서서 우리의 생각과 감정의 부조리함을 볼 수 있다. 아이러니는 당신의 고통이 사실은 당신 혼자만의 문제가 아니며, 다른 사람들도 같은 일을 겪고 있다는 것을 상기시켜 준다. 아이러니는 매우 심각한 상황에서도 유머를 찾을 수 있게 해주며, 자신에 대해 너무 심각하게 생각하지 않게 해준다.

구체적으로 아이러니를 사용하는 예를 들면 하찮게 보이더라도 감사하는 일의 목록을 '아이러니'에 맞춰서 만들어 보는 거다. 유난히 잠을 이루지 못했다면 "잠 못 이루는 밤을 끊임없이 상기시켜 주는 침대가 있어 감사하다"라는 글을 써보는 것이다. 아이러니는 우리의 관점을 전환시켜준다. "항상 어두운 구름을 직시하는 사람이야말로 언제 햇빛이 비추는지를 가장 먼저 알 수 있는 사람"이란 걸 깨닫게 해준다.

아이러니를 사용하는 또 다른 방법은 부정적인 생각에 도전하는 것이다. 부정적인 생각이 떠오를 때 "이것이 정말 사실일까?"라고 묻는 것이다. 또는 "이 생각을 뒷받침하는 증거가 있는가?"라고 물어볼 수 있다. 우리의 부정적인 생각은 과거의 낡은 경험에 기반하고 있는 경우가 많다. 우리는 우리 스스로에게 질문을 던지고, 도전함으로써 편견으로 쌓아 올린 우울증의 벽을 허물고 세상을 새로운 시각으로 볼 수 있다.

우울증은 흔한 말처럼 '마음의 감기' 같은 게 아니다. 물론 이 말의 최초 의도는 정신과에 대한 접근성을 낮추기 위한 것이었다고는 하지만, 우울증 환자가 아닌 대다수의 사람들은 이 문장 때문에 '우울증은 그냥 약만 먹으면 낫는 것'이라 생각하는 경우가 흔하다. 우울증은 가볍게 여길 수 있는 것이 아니다. 무서운 병이 될 수 있다. 따라서 나의 우울증을 직시할 수 있는 문장을 써보는 것은 당장 해볼 수 있는 것이며 즉각적인 도움이 된다. 예를 들어, "우울증은 바닥없는 구덩이와 같아서 나를 통째로 집어삼키고 나를 공허하고 외롭게 만든다"라고 적었다고 해보자. 이러한 문장 쓰기는 우울증과 절망을 바깥으로 끄집어내 눈앞에 보여줄 수 있다.

우리의 공포는 주로 추상적이고 눈에 보이지 않는 것에서 비롯된다. 하지만 그 실체를 조금이라도 구체화하는 순간 그것은 그다지 무서운 게 아니게 된다. 그래서 잘만든 공포영화에서는 귀신 같은 게 나오더라도 형체를 제대로 보여주지 않는다. 영화감독은 그렇게 해야만 관객이 무서움을 느낀다는 걸 알고 있기 때문이다.

우울증은 우리에게 계속해서 공포스러울 정도의 무기력감을 심는다. 하지만 자신있게 말하건대 우울증은 영구적인 장애가 아니다. 다만, 쉬운 일조차도 때로 해결 불가능한 부정적 방향으로 끌고 가서, 어렵게 만드는 우리 자신이야말로 가장 공포스러운 존재가 아닌가 싶다. 이건 우울증에 빠진 당신을 비난하려고 하는 말이 아니다. 그런 실수를 저지르는 게 모든 인간의 특성이며, 우리 뇌의 특성이라는 거다.

인간과 동물 모두 긍정적 자극보다 부정적 자극에 노출되었을 때, 행동을 더 빨리 학습하게 되어있다. 이게 생존에 유리하기 때문이다. 그러니까 '부정적'인 것은 성장에 반드시 필요한 경험이다. 예를 들면 독일의 놀이터는 일부러 안전하게 만들어져 있지 않다. 아이들이 만지고 놀 수 있는 놀이기구들이 손에 가시가 박힐 수도 있는 거친 나무들로 만들어져 있다. 위험하지 않게 다치는 경험을 시키기 위한 것이다. 가시가 박히면 어떻게 할까? 자연스럽게 우리는 부모님을 찾을 것이고, 가시를 빼는 경험을 할 것이다. 고통스럽지만 삶을 살아가는 데 있어 필수 불가결한 경험이다. 이러한 부정적 경험을 어릴 적에 직간접적으로 겪지 못하면 제대로 된 어른이 될 수 없다고 본다. 그러므로 '부정적'인 것은 문제가 아니다. 부정적인 압력이 들어왔을 때 적극적인 대응 방법을 마련하지 못하는 게 문제다. 그렇다고 해서 '부정적으로 생각하지 말고 긍정적으로 생각해!'라고 말하면 우울증이 나아질까? 전혀 그렇지 않다. 우울증 환자는 부정도 긍정도 할 수 없는, 심리적 미아 상태에 가깝다고 생각한다.

    이 지점에서 우린 스스로에게 물어봐야한다. 정말 당신은 우울증을 문제로 인식하고, 해결하고 싶은가? 미아 상태를 해결하기 위해서는 우선 미아보호소로 가야 한다. 우리 부모님들이 어릴 적에 놀이공원에서 길을 잃으면 미아보호소로 가라고 했던 것처럼 말이다. 나는 정신적 미아보호소가 곧 정신과라고 본다. 정신과에서 정확한 진단을 받고 의학적 치료를 받으면서 자신의 마음을 위한, 당신만의 도구를 개발해야 한다. 이 사실을 이해하고 받아들인다면 문제 해결의 열쇠는 이미 당신의 손에 쥐어져 있다. 당신에게 필요한 건 거창한 힘이 아니다. 열쇠를 돌리는 힘이다.

화내는 방법을 배워야 한다

우울증에 빠지게 되면서 감정조절이 힘들어지고 화를 조절하지 못하게 되는 사람들이 많다. 당신은 어떻게 화를 내는가? 이건 우리의 심리를 들여다보는 매우 중요한 프레임(frame)이다. 화를 내지 않는 사람이 좋은 사람일까? 그렇지 않다. 화를 내지 않는다고 해서 마음속에 화가 안 나는 건 아니다. 화가 나지만 이를 어떻게든 참고 있는 것이던지, 엉뚱한 방식으로 다른 데서 화를 풀고 있을 가능성이 높다. 마음과 몸이 따로 놀고 있는 경우가 대부분이다. 우리는 화내는 방법을 배워야 하고, 그러기 위해서는 화가 발생하게 되는 이유를 이해해야 한다. 여러분의 분노를 촉발시킨 것은 특정한 사건이나 사람인가? 아니면 스트레스와 좌절감 때문인가? 또한 우리는 큰 것에는 분노하지 않고, 사소한 것에 주로 분노한다. 어째서일까? 여기에는 몇 가지 이유가 있다.

1. 잘못에 대한 인식 차이 : 어떤 사람은 실수를 개인적인 공격이나 무례함으로 인식한다. 때문에 더 큰 문제보다 동료가 저지른 사소한 실수에 더 화를 낼 수 있다. 당신이 이런 사람일 수도 있고, 이런 사람의 화를 감당해야 처지에 놓인 사람일 수도 있다.

2. 비현실적인 기대 : 비현실적인 기대를 가진 사람들은 그러한 기대에 미치지 못하는 작은 일에 더 화를 낼 수 있다. 예를 들어, 어떤 사람은 음식에 대한 기대가 컸는데 이에 못 미쳐서 화를 낼 수 있다. 음식 주문을 받는 데 시간이 조금 늦은 것에 더 화가 날 수도 있다.

3. 무력감 : 사람들은 더 큰 상황을 바꿀 힘이 없다고 느낄 때 작은 일에 더 화가 날 수 있다. 예를 들어, 자신의 직업에 좌절한 사람은 회사 내에서 자신이 바꿀 수 있는 것은 없기에, 탕비실의 더러운 접시와 같은 작은 일에 분노를 표출할 수 있다.

4. 억눌린 분노 : 억눌린 분노는 사람들을 더 짜증나게 만들고 사소한 성가심에 민감하게 만들 수 있다.

5. 감정조절: 감정조절이 잘 안되는 사람은 분노를 조절하는 데 어려움을 겪을 수 있으며 다른 사람을 괴롭히지 않을 사소한 일에도 강하게 반응할 수 있다.

분노를 이해하는 것이 중요한 이유는 그것이 왜 발생하는지 알아야 이를 피하거나 피해를 최소화할 수 있기 때문이다. 아무리 훈련받은 권투선수도 예측하지 못한 펀치에는 다운될 수밖에 없지만, 뻔한 펀치는 쉽게 흘려보내거나 데미지를 반감시켜서 역공을 할 수 있다. 분노도 마찬가지다. 당신의 분노를 '링'이라는 정해진 공간 안에서 제대로 표현할 수 있다면, 당신은 화난 미친 사람이 아니라 '선수'가 될 수 있다. 좋은 의미로 '화를 잘 내는 선수'가 되고 싶다면 다음의 요령을 익혀두자.

1. 감정 전달하기 : 사랑은 나눌수록 커지며, 분노는 나눌수록 작아진다. 신뢰하는 사람과 분노를 나눠야 한다. 친구, 가족 또는 상담사와 자신의 감정에 대해 이야기하는 것은 화내는 방법을 익히는 데 큰 도움이 될 수 있다.

2. 자기 주장하기 : 타인 혹은 내 자신에게서 비롯된 분노의 격류에 휩쓸리기 보다는 자신을 단단하게 지키고 요구 사항과

경계를 명확하게 전달해야 한다. 단호하지만 공격적이지 않은 것이 중요하다. 분노에 차서 무례를 저지르는 사람은 설령 그 분노에 아무리 그럴듯한 이유가 있더라도 그 분노를 지켜보는 다른 사람들에게 불안감을 심어준다. '언젠가 저 분노가 나에게도 피해가 될 것'이라 생각하고 그 사람을 멀리하게 된다. 반대로 누가봐도 분노할 상황에서도 냉정함과 침착함을 유지하면서 제대로 응수 할 줄 아는 사람은 다른 사람들의 신뢰를 얻게 된다.

4. 신체 활동 참여 : 신체 활동은 억눌린 분노와 좌절감을 해소하는 효과적인 방법이 될 수 있다. 운동은 스트레스와 긴장을 줄이고 전반적인 기분을 개선하는 데 도움이 될 수 있다.

5. 건전한 배출구 찾기 : 분노를 풀 수 있는 건전한 방법을 찾아야 한다. 운동, 저널링, 명상 또는 마음챙김 연습과 같은 것들도 도움이 된다.

원하든 원치 않든, 모든 경험은 힘이 된다

삶에서 가장 중요한 재산은 경험이다. 우리는 흔히 경험이라고 하면 사회적 경험이나 여행 같은 것만 생각하기 쉽다. 이것은 모든 사람의 눈에 보이는 '객관적 경험'이다. 하지만 나의 눈에만 보이는 '감정적 경험'도 분명히 존재한다. 그래서 우리는 같은 장소, 같은 시간에서도 누군가는 긍정적 감정을 느끼기도 하고, 다른 이는 부정적 감각을 느끼기도 한다. 즉, 우리는 경험에 감정을 넣어서 해석한다는 이야기다. 더 나아가 우리는 이 감정에 가치를 부여한다. 그건 무의미한 경험이었어 혹은 유의미한 경험이었어-라고 말이다. 여기서 더 나아가면 우리는 다른 사람의 경험까지 평가한다. 여기엔 어떤 부작용이 있을까? 이건 마치 다른 사람들이 붙여놓은 영화 별점 때문에 나에게는 충분히 재밌는 경험이 될 영화를 놓치는 것과 비슷하다. 재미없는 영화를 보든, 재미있는 영화를 보든 간에 감정적 경험은 그 자체로서 의미가 있다. 아무리 쓰레기 같은 영화라고 해도 우리가 도시락을 싸들고 그의 시청을 막을 권리는 없단 이야기다. 물론 그 후에 그와 영화 이야기를 나누면서 그가 완전히 영화를 잘못 이해하고 있다면 이 부분에 대해선 이야기를 나눠볼 수 있다. 즉, 우리는 감정을 바꿀 수 없다. 하지만 감정에 대해 생각하는 방식은 바꿀 수 있다는 것이 내 생각이다. 그렇기에 '영화 평론'이라는 것이 존재할 수 있는 게 아니겠는가? 실망감이란 감정을 한번 생각해보자. 실망감을 좋아할 사람은 없다. 불쾌한 감정이기 때문이다. 하지만 누군가는 이 감정이 자신에게 전달되었을 때, 실망감의 원인에 대해 생각해보고 그것이 자신의 실수에서 비롯되었다면 이를 통해 배울 수 있다고 생각할 것이다. 자수성가하여 소기의 성공을 거둔 사람들의 삶의 이야기를 들어보면 거의 대부분이 좌절감과 이에 대한 분노를 새로운 결의의 동력으로 삼았다는 걸 알 수 있다. 나쁜 감정에서도 긍정적인 가치를 찾을 수 있다는 말이다. 원하든 원치 않든, 모든 경험은 힘이 된다. 당신이 그것을 극복하려고 노력하는 과정 그 자체가 곧 경험이며 힘이 된다. 당신 또한 우울증을 극복하여 그것을 경험이라는 가치로 바꿀 수 있기를 바란다.

내 인생을 믿는 방법

우리는 종종 이런 후회를 한다. 그때 그랬더라면, 그때 하지 않았더라면. 그래서 나는 농담으로 우리는 '후회의 라면'을 주식처럼 먹고 살아간다고 말한다. 그런데 몇몇 사람들은 한때의 후회가 아니라, 매일매일을 후회하며 '-라면'이라는 가정법으로 채우는 사람들이 있다. 여기에는 몇 가지 심리적 원인이 있다.

1. 트라우마 : 과거의 트라우마는 개인이 앞으로 나아가는 데 어려움을 겪게 하고 과거에 대한 집착으로 이어지게 될 수 있다.

2. 낮은 자존감 : 낮은 자존감을 가진 사람은 자신의 현재 행동에 대한 책임을 회피하기 위해 과거의 실수나 후회를 끊임없이 생각한다.

3. 완벽주의 : 일이나 삶에서 불가능할 정도로 높은 기준을 고수하는 몇몇 사람들이 있다. 이는 지속적으로 현재의 자신을 과거의 자신과 비교하고 실패에 집중하게 만든다.

여기서 반대로 한 번 질문을 던져보자. 당신은 트라우마, 낮은 자존감, 완벽주의를 버릴 수 있을까? 그럴 수 없다. 안타깝지만 이것은 이미 생겨버린 흉터 같은 것이다. 당신은 흉터를 지우는 것에 매달리기 보다는 실용적으로 생각해야 한다.

과거에 대한 집착은 당신이 앞으로 나아가고 현재를 사는 것을 방해한다. 후회해도 바뀌는게 없다면, 앞으로 후회하지 않을 삶을 살아가는 것에 집중하는 게 더 중요하다. 물론 과거의 사슬을 끊고, 현재로 나아가는 과정은 어려울 수 있고 시간이 걸릴 수 있다. 그렇기에 불가능하다고 느낄 수 있다. 하지만 한 번쯤 생각해보자. 과거가 좋지 않았으니, 미래도 좋지 않다는 건 당연한가? 왜 그렇게 생각하고 있는 걸까? 왜 우리는 우리 스스로의 인생에 그렇게 가혹한 족쇄를 걸어 매는 걸까? 많은 사람들이 한번도 자신의 인생에서 어떤 성취를 이뤄낸 적이 없고, 앞으로도 그럴 거라 생각하기 때문이다. 이건 사실 원인과 결과를 뒤바꿔서 생각한 것에 가깝다. 성공한 사람들이 성공한 뒤에야 그 결과물을 보고 나서야 자신의 인생을 믿었을까? 그들은 어떤 결과가 닥쳐왔든 간에 자신의 인생을 믿었고, 밀고 나갔을 따름이다. 예언자가 아닌 다음에야 어떤 결과가 돌아올지는 그들도 명확히 몰랐다. 뭔가를 하다보니 더 잘하고 싶었고 더 많은 기회가 생겼으며, 그 기회를 놓치고 싶지 않았기에 자신의 인생을 더 명확하게 믿으려고 노력한 것이다.

당신의 인생은 당신이 생각한 것보다 매우 많은 기회와 연결되어 있다. 종이 한 장을 들어 뭔가를 쓰는 것 하나만으로도 당신의 삶에는 많은 변화가 일어날 것이다. 한번 물어보자. 지금 이 글을 쓰고 있는 작가는 정말 자신의 삶을 믿고 있을까? 그렇다. 어떻게 단호하게 말할 수 있을까?

내 이야기로, 내 목소리로, 내 글을 쓰고 있기 때문이다. 미지의 영역에 존재하는 나에 대해서는 나 역시 자신이 없다. 하지만 글을 쓰는 나에 대해서는 믿을 수 있다. 나는 그렇게 내 인생을 믿고 있으며, 그 믿음을 배신하지 않기 위해 글을 쓰며 살아가고 있을 따름이다. 그것만으로도 충분하다. 당신도 믿을 수 있는 영역의 자기 자신을 반드시 찾기를 바란다.

세상이 변하는 이치

문득 돌이켜보면 우리 사회가 계속해서 바뀌고 있는 것처럼 병에 대해 우리가 가지고 있는 생각도 변해가고 있는 것 같다. 예를 들면 과거 한센병 환자들에게 가해졌던 사회적 차별은 정말 심각했다. 지금도 물론 한센병 치료 병원이 어느 동네에 들어온다고 하면 여전히 반대 현수막이 내걸리는 판이긴 하지만, 과거에는 이 질병에 걸린 당사자가 아니라 병이 완치되어 아무 문제가 없는 사람의 자녀들까지 초등학교에 진학을 못하게 수단방법을 가리지 않고 막기까지 했으니 말이다. 최인호의 소설 〈미개인〉이 이런 내용을 다루고 있는 작품이다.

우리가 정신적인 병에 대해 가지고 있는 인식도 시간이 지나면서 점점 변해가고 있다. 다만 이런 과정에서 최근에 벌어지고 있는 문제는 '정보과잉'과 '정보편향'이 아닐까 한다. 특히 조금만 스트레스를 받으면 'burnout(번아웃)'을 이야기하고, 조금만 집중을 못하면 'ADHD(주의력결핍 과잉행동장애)'라는 말을 한다. 이런 단어를 내뱉는 사람들 중 절반 이상은 정신과에서 진단을 받은 사람이 아닐 거라고 확신한다.

그러다 보니 당장 병원에 가야할 우울증 환자들까지도 구글검색이나 네이버 검색창에 '우울증' 키워드를 검색해보면서 시간을 낭비하고 잘못된 지식을 쌓아가면서 '나 정도면 아무 문제 없어, 괜찮아'하는 식으로 자가 진단을 내려버린다. 나는 아무 문제가 없는데, 다른 사람들이 잘못된 거라는 식으로 생각해버리기도 한다. 그렇다. 정말 당신 주변의 다른 사람들이 잘못된 걸 수도 있다. 그렇다고 해서 그것을 당신의 우울증을 합리화하는 요소로 사용해서는 안 된다. 어떤 이유든 간에 당신은 건강한 사람이 되어야하고, 보다 나은 사람이 되어야만 한다. 이것은 모든 사람이 가지고 있어야 하는 본능적인 항상성이다.

문제는 우울증이 이런 당연한 항상성을 '무력감'이라는 무기로 망가뜨리고, 병자로 머무르게 만든다는 데 있다. 이렇게 되면 당신의 세상에서 당신은 늘 피해자로서만 존재할 것이다. 이런 상황에서 당신이 할 수 있는 건 '세상이 어떻게 바뀌던 간에 어떤 이는 걱정없이 행복한 세상에서 살아갈 텐데, 왜 나만이 비참한 세상에서 살아가야 한단 말인가?'에 대해 생각하면서 분노를 키워나가는 것

뿐이다. 당신은 스스로 만든 분노의 미로정원에 갇혀 오래도록 머물게 될 것이며 어떻게하면 이 미로에서 빠져 나올 수 있을까를 고민하게 될 것이다.

미로를 벗어나는 가장 좋은 방법은 오른쪽 벽을 짚고 계속 간다거나, 왼쪽 벽을 계속 짚고 가는 방법이 있지만 이는 미로의 입구에서 사용할때만 효과를 발휘할 수 있다. 우리네 인생의 미로가 어려운 이유는 시작과 끝이 명확하지 않기 때문이다. 게다가 탈출을 마음먹은 시점에서 이미 우리는 미로 한가운데 깊게 들어와있을 가능성이 높다. 이런 상황에서 가장 좋은 것은 '표식'을 남기는 것이다. 이미 지나간 길이라면 표시를 남기고, 그 길로는 다시 가지 않는 것이다. 우리의 인생도 이렇게 해야한다. 한번의 실수는 용납할 수 있다. 하지만 이를 두번 세번 반복하는 건 허락하지 말아야 한다.

무엇이 지금의 당신을 분노의 미로 속에서 같은 길을 반복해서 걷게 만드는가? 내 스스로 길에 표식을 남기고, 그 원인을 제공하고 있는 대상에게 나의 의사를 분명하게 전해서 경고해야만 한다. 쉽지 않을 거란 걸 안다. 그렇다면 우리는 왜 명확하게 경고를 하지 못하는 걸까? 대부분의 경우 당신이 '착한 인간'이기 때문이다. 착한 인간은 타인의 실수까지 자신의 탓으로 빨아들이는 '죄책감 스펀지'같은 역할을 담당한다. 그래서 몇몇 사람들은 자신의 죄책감을 지워버리기 위해 당신을 스펀지처럼 활용하고는 아무렇게나 던져버린다.

　당신은 누군가의 더러워진 감정 그릇을 닦아내 줄 수세미가 아니라, 살아있는 인간이다. 당신이 녹색 수세미가 아니라 살아있는 인간으로 남고 싶다면, 당신이 바뀌어야만 한다. 당신이 알고 있는 지금의 지식이나 지혜는 영원하지 않다. 세상이 변하는 것을 이해하고, 담대하게 낡은 나를 버릴 수 있어야 한다. 그렇게 할 수 있다면 늘상 새로운 도전이 당신 앞에 존재하고 있을 것이며, 당신은 앞으로 달려나갈 것이다. 우울에게 목덜미를 붙잡히기 전에 이미 저 멀리 도망쳐 있을 것이다.

공허함을 털어내는 방법

우리는 우울증 환자처럼은 아니더라도 종종 공허함을 느끼곤 한다. 우리는 왜 공허함을 느끼는 걸까? 여기에는 몇 가지 이유가 있는데, 가장 큰 이유는 우리가 우리 자신에 대해 잘 모르기 때문이다. 우리는 보통 살면서 의미있는 목표를 '다른 사람들이 중요하다고 말하는 것'에 의존하여 설정한다. 더 많은 돈, 더 많은 인맥을 얻기 위해 매달려 살아간다. 하지만 반드시 어느 순간에는 자신의 삶을 돌아보게 되는 시점이 있기 마련이고, 그때 비로소 자신이 의미있는 관계를 가지고 있지 않다는 걸 깨닫게 된다.

공허함이란 물질적인 것을 뛰어넘어, 정신적으로 채워지지 않는 굶주림이 있단 걸 알게 되는 것이다. 때로 우리의 감정은 쓰나미처럼 멀리서 뒤늦게, 강력한 파도처럼 밀려오곤 한다. 그래서 우리는 사실 자기가 얼마나 외로운 사람인지도 모르고 살아간다. 그러니까 공허함이란 나를 돌아봐야하는 시간이며, 내 자신과의 관계 개선이 필요하다는 신호라고 할 수 있다. 그런데 우리는 이 신호를 피로감과 종종 혼동하여, 그냥 휴식을 취하면 나아질 거라 생각하는 경우가 많다. 가벼운 공허감은 그럴 수 있을 것이지만 강한 공허함은 휴식으로 사라지는 그런 일시적 감정이 아니다.

　마음속 어딘가에 깨진 부분이 생겼고, 그곳으로 모든 게 빠져나갔다는 걸 뒤늦게 알게 되는 것이다. 자식의 독립, 부모님의 사망, 친구의 죽음 등 우리 삶에는 우리의 의지와는 상관없이 생겨나는, 돌이킬 수 없는 일들이 존재한다. 이런 일들에서 빚어지는 어쩔 수 없는 공허함을 무엇으로 막아야 할 것인가? 사실 우린 답을 알고 있다. 달리 방법이 없다는 걸 말이다. 그렇기에 우리는 공허감을 느끼는 것이다. 이 상황에서 가장 좋은 방법은 다시 시작하는 것이다. 포도주는 새 부대에 담아야 한다는 오래된 성경 구절의 말처럼, 우리 삶에도 새 출발이 필요하다. 아버지로서의 나, 엄마로서의 나, 자식으로서의 나라는 오래된 관계의 굴레에서 벗어나 진정한 나를 찾아야 한다. 다른 사람들이 뭐라고 해도 내가 좋아하고, 잘하는 것이 있다면 가능한 방법을 찾아서 이를 해야만 한다. 그래야만 내가 나를 좋아할 수 있다. 나는 '내가 나를 이해하고 사랑하는 건 당연한게 아니라, 많은 노력이 필요하다'라는 걸 한참 나이를 먹고서야 비로소 깨달았다.

자존심에서 자존감으로

　자존심과 자존감은 비슷해 보이는 단어지만 한 가지 중요한 차이가 있다. 자존심은 당신의 마음이 '다른 사람들이 나를 바라보는 시선'에 가있는 것이다. 자존감은 당신의 마음이 '내가 나를 바라보는 시선'에 가있는 것이다. 그런데 요즘 우리 사회에서 많은 사람들의 평균적인 자존감이 많이 낮아진게 아닌가 하는 생각이 들곤 한다. 반면 자존심에 목매는 사람들도 유별나게 많아졌다. 이유가 무엇일까 생각해보면 스마트폰과 SNS의 영향이 가장 큰 것 같다. 우리는 매일같이 유명인들의 삶을 본다. 그들이 가지고 있는 많은 돈, 행복한 모습(그 이면에는 어떤 어려움이 있는지는 보여주지 않는다)을 보며 스스로를 비참하게 여긴다. 다른 사람이 어떻게 나를 보게 될지에 매달리면서 자신의 능력에 맞지 않는 비싼 자동차, 비싼 집, 비싼 옷을 산다. 자존감은 떨어지는데 자존심에만 매달리면서 카푸어, 하우스 푸어, 옷푸어로 대변되는 마음이 가난한 사람이 되어 가는 것이다. 그리고 이런 사람들은 자기가 소유한 자동차,

집, 옷을 통해 사람의 급을 나누고 우월감을 느끼려 한다. 정말 바보 같은 생각이다. 겉포장만 아무리 그럴싸하게 한들, 내면이 깡통처럼 텅비어있기에 당신은 전혀 멋지지 않다. 당신은 그 물건을 진정으로 소유하고 즐기고 있는 것이 아니라 소유라는 그림자 뒤에 숨고 있는 겁쟁이다. 그림자에 숨으면 사람들이 당신의 정체를 못 알아 볼 것이라 생각하는가? 전혀 그렇지 않다. 우리는 직관적으로 어떤 사람이 가진 내면과 외면의 부조화를 빠르게 알아차린다. 자존감을 높이지 않는다면 외면과 내면이 헛도는 이 문제는 절대로 해결되지 않는다. 그렇다면 어떻게 자존감을 높일 수 있을까?

가장 좋은 것은 돈으로는 가질 수 없는, 남들이 가질 수 없는 작은 성취를 계속해서 쌓는 것이다. 매일 거르지 않고 1시간 동안 달리기를 하고 온다든지, 꾸준히 1페이지씩 글을 쓰는 것이 대표적이다. 별것 아닌 것처럼 보이는 이런 행동이 당신의 내면을 가장 크게 바꿔놓을 수 있다. 1시간 동안 달려보라. 나는 도대체 왜 달려야하는가를 스스로에게 묻게 될 것이다. 1시간 동안 글쓰기를 해보라. 나는 도대체 왜 글쓰기를 해야하는지를 묻게 된다.

그럼에도 그것이 내가 원하는 것이고, 하고 싶은 것이라면 우리는 어떻게든 그 고통을 이겨낸다. 그러니 우리의 삶이 고통스러운 이유는 삶 자체에 있지 않다. 그것이 '내가 선택하지 않은 고통'이란 생각이 우리를 나락으로 끌고 가는 것이다. 그럴수록 우리는 내면에 질문을 던져야만 하고, 내가 받아들일 고통과 받아들이지 않을 고통을 스스로 정해야 한다. 자존감은 이러한 과정 끝에 만들어지는 행복의 열매같은 것이다.

타인에게 인정받고 싶다면, 나를 먼저 인정하라

　많은 심리학자들이 남자는 '인정의 생물'이라는 이야기를 한다. 그래서 남자들은 상사에게, 아내에게, 아이들에게 모두 인정받기 위해 노력한다. 그리고 역설적으로 이런 노력이 불행을 만든다. 이것은 과거나 지금이나 모든 남성들이 '사회적 책임감'이라는 이름으로 짊어지고 있던 일종의 족쇄이기도 했다. 여담이지만 여성의 사회적 진출이 늘어나면서 독신 여성을 이상하게 생각하는 사람들은 줄었지만, 여전히 독신 남성들은 신체적으로 문제가 있거나 심지어 성 정체성을 의심받기까지 한다. 많은 사람들은 자신들의 기준에서 평범하지 않은 삶을 살아가는 이들에게 이런저런 편견의 잣대를 들이민다. 당연한 이야기지만 당신이 어떻게 살든 간에 사회적 문제를 일으키지만 않는다면 그건 당신의 자유다. 그런데 때로는 우리 스스로 자유를 힘들게 여긴다. 어느 누구도 우리의 삶에 명확한 방향을 제시해주지 않고, 모든 것을 스스로 해결해야 하기 때문이다. 그래서 어쩔 수 없지만 내가 가고 있는 길이 맞는지 항상 누군가에게 물어야하고 답을 찾아야 한다. 그렇기에 과거에는 없었던 '멘토'라는 단어가 이제는 너무나 흔한 말이 되었다. 그래서 우리는 끝없이 멘토를 찾아다니다가 마치 인생의 비밀을 알려줄것만 같은 사이트를 발견하고, 거기에 적혀있는 고액의 강의 포스팅(posting)에 이끌리기도 한다. 나도 오랜 시간 나의 문제를 해결해줄 수 있는 그런 스승이 있을까를 오랫동안 찾았던 적이 있었다. 하지만 찾지 못했다.

물론 어딘가엔 그런 스승이 있을 수도 있을 것이지만, 당신이 그의 가치를 알아보지 못한다면, 어떻게 그의 말을 믿고 따를 수 있을까? 아무리 그가 좋은 이야기를 해준다한들 이해하지 못할 것이다. 그러니 나의 문제를 해결하기 위해서는 내가 가진 한계를 우선은 인정해야 한다. 그렇게 해야만 나의 정확히 단점을 알수 있고, 이를 어떻게 장점으로 커버할 수 있는지를 깨달을 수 있다. 예를 들면 이런 것이다.

나와 친한 지인 중에는 평소에는 괜찮다가 특정 상황에서 약간의 수전증을 보이는 친구가 있다. 친구의 말에 따르면 "배려심이 있는 사람들은 내 수전증을 모른척 해주는 반면, 몇몇 사람들은 운동을 안해서 그런 거라며 주제넘은 충고를 하기도 한다"라고 했다.

그러면서 그는 "내 미약한 수전증이 낯선 상대의 성품을 쉽게 알 수 있는 '방사능 탐지기' 같은 유용함이 있다"라는 이야기를 들려주었다. 그는 이런 다른 관점이 자신의 가장 큰 재산이라고 생각한다는 말도 덧붙였다.

우울증이라는 질환을 통해 당신은 당신의 어려운 마음을 이해해 주는 친구를 만날 수 있다. 물론 그렇지 못한 사람을 만날 수도 있다. 중요한 것은 선택이다. 당신에게 상처주는 사람들에게 인정을 갈구할 것인가? 당신을 이해해 주는 소중한 사람과 함께 살아갈 길을 모색할 것인가? 우울증을 극복하는 건 쉬운 일이 아니다. 하지만 이를 극복하는 과정 속에서 당신은 자신의 내면을 깊이 들여다 볼 수 있다. 그리고 분명 다른 사람이 생각할 수 없는 당신만의 관점을 통해 진정한 친구와 진정한 적을 구별할 수 있다.

왜 우리는, 왜곡된 관점으로 세상을 볼까?

우리가 왜곡된 관점으로 세상을 보는 것은, 사실과 진실을 직시하는 것보다 잘못된 방식으로 바라보는 것이 훨씬 편하기 때문이다. 특히 그것이 당신의 내면과 관계되어있는 일이라면 더욱 그렇다. 우리는 자신의 관점을 고치려 하기보다는, 편한대로 생각하는 쪽을 택한다. 심리학에서는 이를 '인지적 왜곡(cognitive distortion)'이라고 한다. 이는 잘못된 방식으로 세상을 이해하는, 자동화된 사고 체계를 가리킨다. 객관적으로 논파가 가능한 논리적 오류가 아니라, 잘못 관습화되어버린 오류라고 할 수 있다. 조금은 긴 이야기가 될 듯하지만, 아래 내용들을 살펴보며 혹시 당신이 뭔가를 바라보고 판단함에 있어 심각한 인지적 왜곡이 있지 않는가 살펴보면 좋을 것이다.

1. 이분법적 사고

이분법적 사고는 삶을 흑백으로만 판단한다. 성공 혹은 실패, 호와 불호뿐이며 중간이 없다. 이런 사고를 가진 사람에게 부분적 성공이란 존재하지 않는다. 나 역시도 한때는 성공이 내 삶의 모든 목표였고, 승자 아니면 패자만이 있다고 생각했다. 하지만 우울증을 겪으면서 이런 완벽주의적인 생각이 얼마나 나의 삶을 피폐하게 만드는지 알게 됐다. 나는 의식적으로 결과보다는 과정을 즐기기 위해 노력하고 있으며, 이를 위해 글쓰기나 헬스처럼 경쟁적이지 않은 일에 몰두하고 있다.

2. 과잉일반화

과잉일반화는 불충분한 증거를 가지고 성급하게 일반화 하는 것을 말한다. 우리는 세상을 속단하며 100명의 다양성을 하나로 정의하려 한다. 이는 때로 세대 간의 갈등 같은 결과에서도 나타난다고 보인다. 노인들 때문에 나라가 망한다 혹은 20대 때문에 나라가 망한다고 말하는 것이 그 예라고 할 수 있다. 이런 과잉일반화는 사회 전체를 우울하게 만들 수 있다.

3. 필터링

필터링은 어떤 상황에 있어서 긍정적 부분을 걸러내고, 부정적

부분만을 인식하는 것을 말한다. 예를 들면 한 웹툰 작가가 3년간 연재하고 있는 자신의 만화에 3년 동안 계속 찾아와서 악플을 다는 사람이 있다며 고통을 호소하는 것을 한 유투버와의 상담 토크에서 본 적이 있다. 하지만 실제로 그녀의 웹툰에 악플을 다는 사람은 손에 꼽을 정도였고 대부분은 좋은 평가였다. 그럼에도 그녀는 오로지 부정적 부분만을 인식하고 있었다. 3년간 악플을 남기는 사람과 그 악플 하나에 3년간 쌓아온 자신의 노력을 은연중에 격하하고 있는 사람, 어느 쪽이 더 문제인가?

4. 긍정격하

긍정격하는 긍정적인 경험들이 아무런 동기나 명분이 되지 않는다고 고집하면서 긍정적인 경험을 거부하는 것을 말한다. 우울증을 호소하는 사람들 중에 이런 경우가 많다. 예를 들면 나와 타인을 비교해 "난 동생처럼 공부를 잘하지도 못하고 좋은 사람이 될 수 없어"라고 생각하거나 "내가 한건 다른 누구라도 할 수 있는 거야"라고 말한다.

5. 예단

예단은 증거가 거의 없는 상황에서도 미리 부정적 결론을 내리는 것을 말한다. 자기 마음대로 최악의 상황을 설정한 뒤, 예방책을 취한다. 이를 가리켜 '자기 충족적 예언'이라고 한다. 우울증이 평생 낫지 않을 거라 생각하며, 다른 사람과 접촉을 끊어버리는 것이 대표적인 예단의 사례다. 이렇게 누가 내려준 예언이 아니라, 자기가 만든 예언에 자기 스스로 갇히게 되는 것이다.

6. 극대화와 축소화

극대화와 축소화는 우리가 가지고 있는 장점이나 강점은 축소시키고 단점이나 약점을 극대화시키는 것이다. 이런 성향을 가진 우울증 환자는 타인의 성격을 평가하면서 긍정적 성격을 과장하고 부정적 성격을 저평가하는 경우도 있다고 한다. 즉, 내가 나를 바라볼 때의 기준과 내가 타인을 바라볼 때의 기준이 반대로 작동하는 것이다. 이와 유사하지만 조금 더 세부적으로 들어가면 '파국화'에 해당되는 사람도 있다. 어떤 상황이 '불편'한 것에 불과한데도 이를 견디기 힘들거나 불가능한 것으로 인식하는 것이다.

7. 감정적 추리

감정적 추리는 지극히 주관적 감정인 '느낌'이 곧 사물의 실체이며, 이를 근거 삼아 자신을 둘러싼 현실을 감정으로 해석하는 것이다. 예를 들면 '집을 청소해야 하는데, 나는 원래 더러운 사람이니 청소를 해봤자 소용없다'라고 생각하는 것이다.

8. 당위적 명령

당위적 명령이란 행동과 결과에 자기 나름의 당위성을 부여해서 명령을 내리는 것이라고 말할 수 있다. 몇몇 사람들은 이런 자신의 생각을 타인에게도 적용한다. 예를 들면 '내가 어릴 때 가난해서 대학에 가지 못했으니, 내 자식들은 무조건 서울의 명문대를 들어가야만 해'라고 생각하는 것이다. 이런 성격의 부모는 자녀의 성적이 조금만 떨어져도 분노와 좌절감을 느낀다. 이런 부모 밑에서 자란 아이는 어떤 생각을 하게 될까? '나는 무조건 이번 시험에 100점을 맞아야만 해, 그게 당연한 거니까'라고 생각할 수 있다. 부모의 당위성이 자녀에게도 전이되는 것이다. 따라서 이러한 부모 아래에서 성장한 아이들은 반항적 사고를 일으키기도 한다. 부모의 목표를 채우기 위해 스스로를 몰아세우지만 결국 이를 감당할 수 없음을 깨닫게 되며, 화를 주체하지 못하고, 규칙에 따르는 것을 적극적으로 거부하는 것이다.

9. 개인화와 질책

개인화는 개인으로서는 통제할 수 없는 일을 자신의 책임으로 생각하는 것이다. 예를 들면 '아이가 말을 배우는 속도가 느린 것은 자기가 좋은 부모가 되지 못하였기 때문'이라고 자책하는 것이다.

질책은 개인화의 반대 개념이다. 대표적으로 결혼생활의 문제를 상대 배우자에게 전가하는 것이다. 예를 들면 '당신이 이유 없이 임신을 거부했기 때문에, 내가 이렇게 밖에서 헛돌았던 거다'라고 질책하는 것이다.

10. 항상 옳다는 생각

이런 생각을 가지고 있는 사람들은 자신의 행동이나 생각은 언제나 옳은 것이며 다른 사람의 의견이나 관점은 항상 틀린 것이라 생각한다.

11. 변화의 오류

변화의 오류는 자신의 변화를 타인에게 의존하는 것이다. 즉, 내가 잘못된 행동을 하지 않으려면 상대가 먼저 바뀌어야 한다고 말하는 것이다. 그래서 나를 위해 타인의 변화를 압박하는 것은 이런 오류를 저지르는 사람들의 관점에선 옳은 것이다.

12. 공평의 오류

이런 오류를 범하는 사람들은 '이 세상은 착한 사람은 상을 받고 나쁜 사람은 벌을 받는, 공평하고 공정한 곳'이므로 '만약 너에게 문제가 생겼다면 세상이 잘못된 것이 아니라 네가 그런 일을 당할만한 잘못을 저질렀기 때문'이라고 생각한다. 즉, 이들은 이 세상이 공정하다는 잘못된 전제를 바탕으로 우리가 살아가는 세상의 모순과 부조리를 무시하며, 사회적 피해자들에게 그들만의 공평을 들이민다. 예를 들면 최근에 벌어졌던 이태원 압사 사망자를 비난하면서 '이태원에서 놀 시간에 공부하고 돈버는 친구들도 있는데, 벌 받은 거다. 안 갔으면 됐지 않냐'라는 이야기를 내뱉는 사람들이 이런 부류에 속한다.

13. 낙인과 잘못된 명명

낙인과 잘못된 라벨링은 쉽게 말하면 '마녀 사냥'이다. 숲속에 살고, 약초를 캐와서 큰 솥에 달여 먹으면 곧 마녀라고 생각하는 것이다. 이를 현대로 옮겨보면 몸에 타투를 한 사람이면 깡패 혹은 성적으로 문란한 사람이라 생각하는 것도 여기에 포함된다.

자기 자신을 사랑하란 말은 위험하다

 이른바 멘토를 자처하는 많은 사람들이 매번 하는 이야기 중 하나가 '자기 자신을 사랑하라'는 말이다. 얼핏 보면 그럴듯한 이야기처럼 들린다. 하지만 우울증 환자에게는 와닿기 힘든 이야기라고 생각한다. 재미있게도 성경에서는 예수님이 '나를 따라오려면 자기를 부인하고 자기 자신을 미워해야한다'라는 이야기를 한다. 부연 설명을 하자면 이 말은 '오직 나만을 생각하는 그런 네 자신을 미워하라'는 이야기를 역설적으로 전하고 있는 것이다. 당연하지만 우리는 이기적인 생물이다. 그럼에도 이런 이기적인 나를 멀리하고, 이타심을 가지고 나보다 어려운 처지의 이웃을 돌보라는 이야기다. 예수님이 했던 이 말은 오늘날에도 적용가능한 이야기일까? 그렇다고 생각한다.

 자본주의 사회에서는 자신에 대한 사랑을 산업적으로 이용하고 있다. 당신이 스스로를 사랑한다면 이걸 사라, 이걸 가져야 한다고 말하고 있다. 그래서 그 물건을 갖지 못하면, 당신은 스스로를 사랑하지 않는 것처럼 느낀다. 철학자 '에피쿠로스'는 '갖지 못한 것을 원함으로서 네가 가진 것을 망치지 말라'라고 경고했다.

어떻게 하면 내 자신을 건강하게 사랑할 수 있는지에 대해 고민해봐야 한다. 당신만큼 당신을 사랑해 줄 수 있는 사람은 없다. 하지만 아무리 사랑이라고 해도 방향이나 방법이 잘못되면 문제가 되기 마련이고, 나에 대한 나의 사랑 역시 예외가 아니다. 진정으로 나 자신을 사랑하는 사람은, 항상 제자리에 머무르려는 속성이 있는 나를 경계하고 미워한다. 이는 자기혐오와 얼핏 비슷해보이지만 다른 것이다. 태만해지고, 나약해지려는 자신을 경계하고 더 좋은 사람이 되고자 노력하는 것이다.

자기 자신을 사랑하는 것은 당위가 되어서는 안 된다. 당신이 당신을 좋아하기 위해 행한 행동과 노력들이 자신을 사랑하게 만들 수 있는 근거가 되어야 한다. 아무런 근거나 노력이 들어가지 않은 나 자신에 대한 사랑이란 결국 나르시시즘과 다르게 없다. 그렇기에 '타인을 사랑하는데는 이유가 필요없지만, 나를 사랑할때는 이유가 있어야 한다'라는 것이 내 생각이다.

행복은 두 번 찾아오는 봄과 같은 것이다

사실상 요즘은 거의 쓰이지 않는 '재봉춘(再逢春)'이라는 단어가 있다. 이 단어에는 두 가지 뜻이 있는데 첫 번째 의미는 '음력으로 윤달이 들어가 일 년에 입춘이 두 번 드는 일'을 가리킨다. 우리 조상들은 이를 행운으로 여겼고 그 전통은 지금도 남아있어서 '쌍춘년'이라 부르며 결혼을 서두르는 사람들이 많다. 냉정하게 본다면 실제로 봄이 두 번 오는 것도 아니거니와, 양력과 음력의 차이를 보완해주기 위해 만든 것이지만 어떻게 생각하느냐에 따라 우리의 행동 역시 달라진다. 즉, 좋은 일이란 정해져 있는 게 아니라, 좋게 생각하니 좋은 일이 되는 것이다.

두 번째 의미는 '불행했던 사람이 다시 행복을 찾는다'라는 뜻이다. 물론 현실의 행복이란 가만히 기다리기만 한다고 찾아오는 봄 같은 게 아니다. 불우했던 순간을 극복해야만 인생의 봄이 찾아온다. '우울증이라는 이름의 친구'를 당신의 인생에 불러들여 놀았던 그때의 즐거움은 버려야 한다. 쉽지 않을 것이다. 우울증이라는 친구는 당신의 계획을 희롱하고 훼방할 것이며, 당신을 도발할 것이다. 이런 순간을 잘 견디려면 어떻게 해야 할까? 러시아의 소설가이자 시인이었던 푸시킨은 '삶이 어려울 때 자신을 믿어주는 사람을 생각하라'라고 했다. 많지는 않았지만 나에게도 그런 사람들이 있었다. 그 사람들의 도움이 아니었다면, 나도 여전히 우울증이라는 이 지독한 친구의 손아귀에서 벗어나지 못했을 것이다. 사업과 사업, 돈과 돈, 술과 술로 이어지는 쳇바퀴 속에서 살다가 어느 순간 바깥으로 떨어져나온 나에게 삶이란 정말 덧없는 것이나 마찬가지였기 때문이다. 미친 듯이 욕망의 쳇바퀴를 돌리던 순간으로 돌아가고 싶었던 때가 한 두번이 아니었다.

나는 뒤늦게 알았다. 욕망의 쳇바퀴를 돌리는 순간에는 삶의 고통을 느낄 수 없으나, 그 쳇바퀴가 멈춘 순간 비로소 말할 수 없는 고통이 찾아온다는 걸 말이다. 격렬한 운동을 마친 당시에는 괜찮다가, 다음날 찾아온 근육통으로 며칠을 앓아 눕는 것과도 비슷하다. 그런데 모든 운동에 있어서 성장은 운동을 하는 순간 뿐만이 아니라 운동 후 휴식을 거치며 몸이 복구되는 과정 중에 더 많이 일어난다고 한다. 그러므로 휴식은 노는 것이 아니라 다른 의미의 고통을 견뎌야 하는, 운동의 연장선에 있다. 그래서 때로는 운동 이상으로 휴식이 괴로운 것이다. 그래서 나는 우울증이란 죽을 것처럼 괴롭지만 견뎌야하는, 고통스러운 휴식이라고 말한다. 그렇기에 누군가는 이 괴로운 휴식을 견디지 못하고 영원한 휴식을 취하려 할 것이고, 누군가는 휴식을 마치고 다시 한번 삶의 고통을 받아들이기 위해 일어설 것이다.

부디 우울증이라는 괴로운 휴식을 취하고 있는 사람들이 다시 일어서서 '내가 선택한 고통'을 찾아 다시 뛸 수 있기를 바란다.

미래는 과거보다 중요하지 않다.

한국 사회는 이제 빠른 것을 넘어, 모든 것들을 미리미리 하지 않으면 안되는 사회가 되어가는 것 같다. 그러다 보니 많은 사람들이 정작 자신의 과거를 들여다보지 않는다. 과거를 들여다보며 이를 이야기하는 사람은 마치 시대에 뒤쳐진 꼰대처럼 취급받는다. 하지만 당신의 과거는 지금의 당신을 만들어 낸 역사다. 역사를 잊은 민족에 미래가 없다는 말처럼, 자신의 역사를 잊은 사람에게도 미래는 없다는 것이 내 생각이다. 그렇다면 흘러가 버린 과거에 집착하면서 살아가라는 이야기인가? 당연히 그렇지 않다. 우리가 우리의 과거를 돌이켜볼 때 가장 중요한 것은 '초심'이다. 내가 무엇을 했을 때 가장 즐거웠고, 돈에 상관없이 가장 열심히 했는가? 그렇게 했을 때 주변 사람들이 긍정적 지지를 보내준 경험이 있는가? 만약 그런 과거가 전혀 없고, 오로지 힘든 기억만이 있다면,

지금부터라도 당신만의 재미를 찾아야 한다. 아무리 당신이 많은 돈을 번다고 할지라도 그것이 즐거움이 아니라 고통으로 돌아온다면, 그건 지옥이나 다를 바 없다. 아무리 당신이 많은 사람들의 관심을 받는다 할지라도 그것이 고통으로 돌아온다면 이 역시 지옥이다. 정말 중요한 것은 미래가 아니라 현생을 살아가는 순수한 즐거움에 있다.

나는 오랜시간 나의 과거를 돌아봤고, 나에게 순수한 즐거움을 주는 일이 글쓰기라는 걸 깨달았다. 물론 부끄러움이 앞섰고, 처음엔 내 글을 다른 사람들에게 보여줄 생각도 없었다. 그러나 재미란 것은 사람을 근본적으로 바꿔놓는다. 조금씩 나는 내 글을 주변 사람들에게 보여줄 용기를 냈고, 그들의 평가를 겸허하게 받아들이면서 조금씩 내 글을 고쳐나갔다. 이 과정이 항상 즐거웠냐고 묻는다면 그렇지 않았다. 하루에 두어 줄밖에 쓰지 못하는 날도 많았다. 도저히 글이 써지지 않아 1주일간 손을 놓고 있던 때도 있었다. 내 글에 발전이 없다는 생각을 하면서 고통스러웠고, 그만둘까 하는 생각을 했던 적도 있었다.

꽤 우울했지만, 우울증으로 이어지진 않았다. 나는 어느 순간 중독자처럼 글쓰기를 위해 책상 앞에 앉았고 머릿속으로 다짐했다. 내일 무엇을 먹을지에 대해 오늘 미리 걱정한다고 한들 양식이 저절로 생기는 건 아니다. 나의 글이 내일 좋아질지를 고민한다고

한들 글이 좋아지진 않는다. 미래에 대한 걱정은 내가 내일 눈을 뜨고 일어날 수 있기를 바라는 것으로 충분하다. 아침에 일찍 일어나서 소소하게 끼니를 해결하고 글을 쓰기로 했다. 이것은 나와의 약속이고 내가 선택한 고립이며, 다른 누구도 뺏어갈 수 없는 행복한 고립이다. 나는 그렇게 생각하면서 글을 써왔고, 지금도 글을 쓰고 있다.

행복은 자아와 부딪히면서 의미를 얻는다

우리는 늘 행복을 찾아 돌아다닌다. 지금 이곳이 아닌 어딘가 먼 곳에 행복이 있을 것이란 생각을 하면서 말이다. 그러나 행복이란 자아와 부딪히면서 조각난 돌덩이 같은 것이다. 또한 우리의 인생은 이렇게 조각난 돌들을 이어 붙여 만들어 낸 모자이크 그림이다. 모자이크 그림을 이루는 하나하나의 돌맹이는 깨진 돌덩이 조각에 지나지 않지만, 그것들을 이어 붙였을 때 그때 비로소 삶의 그림이 보이기 시작한다. 나는 이러한 과정 자체가 곧 행복이라 생각한다. 그런데 우리는 이 조각들을 모아서 하나씩 붙이는 과정 자체를 괴로워하며, 시간 낭비라 생각하고, 큰 조각을 크게 붙여서 쉽게 해결하려 한다. 터무니없게 비싼 자동차, 비싼 옷을 사는 것이 이런 큰 조각을 돈을 주고 사는 것이다. 하지만 이렇게 큰 조각이 한번 당신의 삶에 붙게 되면, 당신은 삶의 그림을 완성하기 위해 계속해서 더 큰 덩어리를 붙여야만 한다. 이렇게 되면 인생이란 이름의 그림은 갈수록 어려워진다. 그러므로 꿈은 크더라도, 그것을 삶의 캔버스에 채워 넣을 때는 작은 조각 하나에서 작은 그림으로 시작해야만 한다.

당연한 이야기지만 큰 그림이 당신에게 더 큰 행복을 주진 않기 때문이다. 그럼에도 우리는 항상 꿈의 크기에 집착하고, 가지지 못한 것에 대해 집착한다. 이것은 '행복 추구'가 아니라 '행복 강박'이다. 행복 강박이란 말은 내가 지어낸 것이 아니라 정신건강의학과 전문의들이 쓰고 있는 말이다. 진정으로 행복하고 싶다면, 행복해져야만 한다는 강박에서 벗어나야만 한다. 우리 인간은 필연적으로 불완전한 존재이며, 우리 스스로가 불완전하다는 걸 아는 존재다. 그렇기에 불안감을 줄이려는 것이 우리들의 본능이지만, 불안감이란 완벽한 안정감을 추구함으로써 사라질 수 있는 게 아니다. 역설적으로 안정감을 늘리려고 하면 할수록 불안정성이 높아진다.

그렇다면 어떻게 우리는 안정감을 잡아갈 수 있을까? 당신이 서있는 곳이 불안정한 돌다리 위라면, 발을 디딜 수 있는 또 다른 돌덩이를 하나 더 늘려가야 한다. 이렇게 계속 돌덩이를 이어 나가다 보면 불완전해도 발을 디딜 수 있는 돌이 여러 개가 되고, 덜 불안하게 되는 것이다. 누군가는 이렇게 말할 것이다. 디딤돌 하나를 더 만드는게 얼마나 힘든 일인지 아느냐고. 그렇다. 하지만 인생의 무게는 무거울수록 좋다는 게 내 생각이다. 무게가 무거울수록 이를 극복했을 때, 그만큼의 경험이 쌓이기 때문이다. 나는 우울증을 극복한 주변의 여러 사람들을 통해, 이들이 인격적으로 한 차원 더 성숙하게 되는 모습을 봤다. 그들은 큰 행복, 큰 안정감에 대한 집착에서 벗어나 소소하지만 다양한 행복, 완벽하지 않아도 유연하게 대처할 수 있는 안정감을 찾았다.

행복이란 불안정성을 제거함으로써 얻어지는 완벽한 결과물이 아니다. 불안정한 자아를 인정하고, 다독이며 끌어안고 언덕길을 올라가는 힘이 곧 행복이다. 행복은 완성품이 아니다. 과정과의 만남이다. 내 안에 숨어 있는 힘을, 에너지를 찾아내는 과정 자체가 행복이다. 우울증 또한 완성품이 아니다. 과정과의 결별이다. 우울증이라는 이 친구가 더는 필요하지 않음을 내 스스로 깨닫고, 거리를 두고, 마침내 이별을 통보하는 것이다.

후회를 통해 배울 때가 있을 것이니

우울증이라는 녀석과 당분간 함께 할 수밖에 없다는 생각을 하면 자괴감이 춤을 춘다. 어두운 그림자를 끊어내야 한다. 하지만 삶은 부평초 같다. 갈등하는 마음속에서 마음을 추스르고 아픈 마음을 치료하는 데 집중한다. 하지만 나 역시 여전히 어제와 오늘, 그리고 과거의 기억 속에서 전전긍긍하고 있다. 긍정적인 것은 동의하기 쉽지 않고 부정적인 것은 너무나 동의하기 쉽다. 이것은 우울증이라는 이 친구의 바람일 수도 있고, 내 흉부에 쌓인 울분일 수도 있다. 수레바퀴가 지나간 물에 사는 물고기가 된 듯한다. 나는 암울한 마음속에서 부정적인 생각과 대화를 하고 있다. 싸늘하게 부는 가을바람 속에서 나를 위해 '달팽이는 느리지만 끈기 있게 움직인다'는 정목 스님의 책을 읽고 있다. 느리더라도 우울증이라는 이 친구를 내보내야 한다는 생각이 든다. 이것은 내게 얻어진 소중한 선물이다. 나의 인생은 희망보다 절망을 가까이 느끼며 살아왔다.

우울증은 어느 날 갑자기 날아온 편지가 아니다. 내가 가지고 있는 정신력에 대비해 어떤 생각을 해왔고, 얼마나 많은 생각을 했는지를 알려주는 일종의 신용카드 청구서 같은 것이다. 문제는 이 청구서가 연체 청구서라는 사실이다. 그래서 이 우편물을 볼 때는 항상 주의를 기울여야 한다. 왜 이런 연체 청구서가 나에게 날아왔는지를 원망하면 할수록, 되돌릴 수 없다는 불행과 불운을 탓할수록 더 어두운 운명에 빠진다. 내 마음을 원망하면서 들여다보면 볼수록, 내 마음 또한 나를 원망하며 보게 되어 있다.

우울증 치료와 관련된 책을 읽으면서 알게 된 한가지 사실은 의외로 우울증에 걸린 사람들 중 평범한 가정환경과 평범한 신체조건에서 평범한 삶을 살아온 사람들이 있다는 걸 알았다.

문제는 이런 사람들이 어렸을 때부터 자기 감정을 억누르며 살아온 경우가 많다는 거였다. 그래서 우울증에 걸리고 나서야 비로소 알게 되는 거다. 자기 자신에 대해 얼마나 무지하였는지를 말이다. 나도 그랬다.

그때 나는 왜 그렇게 감정을 꾹꾹 눌러담으면서 살아왔던 걸까. 조금씩 대화를 통해 풀 수는 없었던 걸까. 그런 후회 말이다. 크든 작든 간에 후회를 하지 않을 수는 없다. 하지만 후회를 통해 누군가는 성숙한다. 배움에 끝이 없듯, 후회를 통해 배워야만 한다. 그것이 인간의 삶이 아닌가하는 생각이 든다.

스스로 알 때가 있으리니

    나는 위로받기를 거부하고 사람의 본심을 의심하며 인생을 살아왔다. 우울증이라는 친구에게 나라는 사람은 너무나 공략하기 참 쉬운 사람이었을 것이다. 그럼에도 나는 어떻게든 내가 우울증 환자라는 사실을 회피하고 있었다. 사다리에 기대어 산을 오르려 했고, 돛단배로 대양을 건너려 했던 것이다. 모든 것에는 순리와 이를 행해야 할 시기가 있는 것 같다. 시기를 기다리고, 때가 되면 계획에 따라 행동해야 한다. 나라는 사람은 저잣거리에서 명예를 다투고 이익은 조정에서 보려하는 사람이었다. 내가 바뀌는 것이 치료의 시작이었다는 걸 너무나 뒤늦게 알았다. 어리석은 치료를 계속하며 세월을, 내 자신을 낚은 것이다.

    밀물 썰물처럼, 수시로 외로움이 밀려들었다가 빠져나가기를 반복하면서 마음 한편이 침식되어 깎여나갔다. 아무것도 대응할 수 없었고, 무엇을 어떻게 해야 할지 알 수가 없었다. 내가 할 수 있는 것은 순리를 기다리며, 하루하루 살아가는 것 뿐이었다. 살아있다면, 스스로 알 때가 있을 것이란 생각이었다.

덕과 턱의 차이

과거 나와 친구(우울증)의 삶은 모순의 극치를 보이고 있었다. 정해진 기일 없이 계속되는 나와 친구의 싸움은 창과 방패의 싸움마냥 지루하게 느껴졌다. 하지만 이 싸움은 하나의 가슴에 각기 다른 두 마음이 살고 있어 벌어지는 일로, 어느 한쪽도 쉽게 물러나지 않는다. 그렇기 때문에 이 전쟁은 일방적인 승리로 끝나지 않는다. 모든 전쟁이 그렇듯, 상처만을 남길 뿐이다.

누구를 원망해야 할까. 창이 나를 상처입힐 때도 있고, 방패가 나를 상처입힐 때도 있다. 이런 양가 감정에 대항하면 할수록 마음의 평화는 사라져 간다. 무관심한 태도를 보인다면 어떨까? 이 또한 소용이 없다. 그나마 가능한 방법이 있다면, 잠시 임시 휴전 협정을 맺는 것이다. 불안한 평화이긴 하지만, 그래도 평화로운 쪽이 낫다. 나라는 사람은 반 평생을 꿀을 쫓아다니는, 일벌처럼 살아왔다. 사랑이란 조건의 결합이 아니다. 상대의 결함을 인정하고, 그럼에도 헌신할 것을 약속하는 것이다. 누군가에게 보여주기 위한 삶, 과장하고 자랑하는 삶은 결국 모래성일 뿐이다.

    욕심과 우월감이 부각될수록 우울증이 발생할 가능성이 높다. 나에 대한 믿음이 없는 것도 문제가 되지만, 나에 대한 근거 없는 자신감 또한 문제가 된다. 근거 없는 나에 대한 믿음은 사소한 이유로 그 믿음이 망가졌을 때, 자기 자신에 대한 경멸과 불신으로 이어진다. 이런 믿음의 결여는 정신적 탈진을 일으키고, 어두운 터널 속으로 스스로를 밀어넣게 된다. 이미 그런 상황에 놓였다면, 돌이킬 수 없다고, 완전히 실패했다고 생각하지 말고, 외벽을 짚어가면서 출구로 나아가야 한다.

    현명한 사람은 끊임없는 노력으로 성공을 만든다. 다만 노력과 집착은 다른 것이다. 노력이란 더하기가 아니라 덜어내기이다. 노력하는 사람들은 해야 할 것에만 집중한다. 반면 집착하는 사람들은 하지 말아야 할것에만 집중한다. 우울증도 마찬가지다. 뭔가 거창한, 좋은 것들을 더 배워야 우울증이 낫는 게 아니라, 하지 말아야 할 것들을 하지 말아야 한다. 그러기 위해 우리는 부끄러운 과거를 되돌아봐야 한다. 수치스러운 부분을 받아들이고, 잘못을 바로잡아야 한다. 내 감정에 내 스스로 잡아먹히는, 만만한 먹이감 같은 신세에서 벗어나야 한다. 아무것도 하지 않고 모든 게 알아서 나아지길 기다리는 것은 '덕'이 아니라 당신의 삶을 가로막는 '턱'이다. 우리는 습관을 다스리면서 살아가는 존재이다. 습관이 당신을 다스리게 만들게 해선 안 된다. 내 습관은 어디까지나 나의 일부가 되어야 한다. 습관이 곧 자신의 총합인 사람이 되면 안 된다. 물론 우리는 완벽한 사람이 아니기에 항상 착각을 한다. 내가 습관을 가지고 있는 것인지, 습관이 날 가지고 있는 것인지 말이다. 이런 착각은 피해갈 수 없는 과정이다. 착각을 하고, 착각에서 깨어나는 것이다. 다만 착각에 대한 태도는, 나의 삶을 다른 사람과 구별할 수 있는 큰 역할을 한다.

무의식적인 용서와 무의식적인 증오는 사실 같은 감정이다. 이는 모두 자기 방어에서 출발하기 때문이다. 불편한 동거를 이어가고 있는 나의 친구 - 우울증은 쓰레기 더미처럼 원한과 증오를 내 가슴 한편에 쌓아놓았고, 이제는 처치 곤란할 지경에 이르렀다. 당신은 이 친구를 떠나보낼 결심을 확고히해야 한다. 이 친구는 내면의 화근이다. 당신의 마음을 이간질시켜 목적을 상실해버리게 한다. 당신의 현재 상황을 냉정하게 진단해야 한다. 치료를 위한 치료의 길로 빠지는 것은 좋지 않다. 혼란스런 삶을 벗어나기 위해서는 자기 안에서 새로운 호기심을 발견하고 매일매일 살아 숨쉬게 해야 한다. 해결책은 멀리 있는 것도, 타인에게 있는 것도 아니다. 내가 가지고 있다.

나의 역사

'간장막야(干將莫耶)'란 말이 있다. 중국(中國) 춘추시대(春秋時代)의 두 자루의 명검(名劍)을 뜻한다. 우리 마음속에도 누구나 이런 칼이 있다. 자신감과 자존심이다. 내가 가지고 있던 자신감과 자존심은 나를 지켜주는 두 자루의 칼과 같았다. 하지만 나를 지켜줄 수 있는 것은 결국 이 두 자루의 칼을 내려놓고도 당당할 수 있는 힘, 자존감이란 걸 깨달았다. 아무리 험한 바람이 불어도 강한 자존감을 가진 사람은 밝은 미래를 향해 나아갈 수 있다. 죽음에 대해서도 마찬가지이다. 죽음이 존재한다는 사실은 삶에 더 큰 의미를 부여한다. 우리는 유한한 시간 동안 살아가며, 한정된 시간을 매 순간 인식하며, 삶을 소중하게 여기며 열심히 살아가게 된다. 당신이 지금까지 살아온 날을 기억하는 사람들이 있다면 분명 당신의 이야기를 할 것이고, 당신이 무엇을 남기고 갔는지를 이야기할 것이다. 그렇기에 우리가 두려워 해야 할 것은 죽음이 아니라, 내가 남기고 갈 나의 역사이다.

괴로운 현실이 당신의 눈앞을 가로 막고 있겠지만 나의 역사를 만들려면 '잘못된 집착으로 나를 붙잡고 있는 나'를 던져버려야 한다. 우울증에 사로잡힌 당신이 붙잡고 있는 '나'라는 존재는 자기 자신을 너무나 소중하게 생각해서 나를 붙잡고 있는 게 아니다. 모든 것이 두렵고 괴롭기에 스스로의 무력감을 마치 당연한 것처럼 자신에게 강요하고 있는 것이다. 조금 실패해도 괜찮다. 조금 망가져도 괜찮다. 그건 나의 일부일 뿐이니까. 이것은 우리 몸의 세포가 매일 매일 죽고 새로 만들어지길 반복하는 것과 다르지 않다. 만약 어떤 세포가 죽지 않으면 어떻게 될까? 그게 바로 암이다. 우울증은 암과 같다. 내 마음이 만들어 내는 암이다. 대부분의 암 치료가 그러하듯, 나의 마음을 촉진해보고 조기에 발견해 치료하는 것이 가장 좋다.

당신 마음과 화해하세요

우울증을 나의 방안에 들여놓는 가장 쉬운 방법은 뭘까? 남과 나의 인생을 비교하는 것이다. 타인의 삶과 나의 삶을 비교하지 말라. 당신이 만들어 낼 수 있는 삶의 가능성은 생각 이상으로 훨씬 더 자유롭다.

견토지쟁이란 말이 있다. 개와 토끼의 다툼으로 제삼자가 이익을 본다는 말이다. 당신이 치료를 멀리해 완치를 망설인다면 우울증이라는 친구가 활개칠 거다. 이를 막는 가장 좋은 방법은 당신 마음과 화해하는 것이다. 그 즉시 친구는 당신의 방에서 사라질 거다. 병이 든 후 반성하는 것은 이미 불타버린 집을 쳐다보는 것과 같다. 화근이 생기기 전에 방지하는 것이 중요하다. 화로 가득찼던 시기를 지나면 차분함이 생겨나고 의미없는 집착과 평화로운 이별이 올 것이다. 내가 나에 대해 가지고 있는 오만함과의 결별이다.

'내가 나에 대해 생각보다 아는 게 없다'라는 사실을 깨달았을 때 비로소 우리는 스스로의 감옥에서 걸어나올 수 있다. 나에 대한 무지를 인정하고, 내가 나에 대해 더 겸손하게 알아가려 한다면, 분명 우울증은 어느 순간 당신의 곁에 없을 것이다. 내가 무엇을 좋아하는지, 무엇을 잘하는 지에 대해 알고, 그 능력을 키워가기에도 바쁘기 때문이다.

묻는 것을 부끄러워하지 않기를

　아무리 많이 배운 사람도 남에게 배울 것이 있다. 그러기 위해서 우리가 기억해야 할 말이 있다. 불치하문(不恥下問)이다. 묻는 것을 부끄러워하지 않아야 한다는 뜻이다. 현장에서의 경험은 배신하지 않는다. 그럼에도 우리는 위기 앞에서 원칙을 무시하곤 한다. 물론 그 후에 남는 것은 결국 후회이다. 이러한 경험들이 우리들의 영혼에 쌓여간다. 그때마다 우리는 다시 같은 실수를 반복하지 않겠다는 생각을 한다. 그러나 아침이 밝아오면 우리는 같은 실수를 반복한다.
　우리가 배워야 하는 것은 지식 그 자체가 아니다. 그 지식을 어떻게 활용하는지에 대한 것을 배워야 한다. 대표적인 것이 사랑이다. 사랑을 제대로 이해하기 위해서는 반드시 학습이 필요하다. 부모의 사랑을 제대로 받지못하고, 학대속에서 자라난 아이가 사랑에 대해 정상적으로 사고할 수 있을까? 절대로 그럴 수 없다. 이성과의 사랑 역시 마찬가지다. 한 사람과 오랫동안 사귀면서 장기적인 관계를 이어가본 사람은 설령 그 연애가 결국 헤어짐으로 끝났다고 해도, 분명 다시 좋은 사람을 만날 가능성이 높다. 상대와 오래 사귀지 못하고 계속해서 새로운 사람과 짧은 만남을 반복하는 사람은 진정한 사랑을 전혀 이해하지 못하고 있을 가능성이 높다. 우울증 역시 마찬가지 아닐까? 내가 나를 어떻게 사랑해야하는가에 대한 학습이 없는 것이다.

우울증에 빠진 사람들 중 정말 절망스러운 상황에 빠져서 우울증에 걸린 사람도 있다. 이런 경우는 뭔가를 배울 수 있는 여력이 나지 않는다고 할 수 있다. 하지만 다른 사람이 보기에는 별다른 문제가 없는 상황에서, 자기 마음속에 빠져서 허우적대며 헤어나오지 못하는 그런 우울증도 많다. 스스로 학습을 거부하고 있는 것이다. 집착과 미련없이 인연에 따라 흐르는 것이 진실로 온전한 삶이라 할 수 있다. 슬픔이 극에 달하면 없던 원망도 만들어 내는 것이 사람이다. 그렇기에 완치만 바라보면 볼수록 치료의 원인을 찾고 배우려는 노력은 희미해져 간다. 그래서 이런 말이 있는 것인지도 모른다. 많은 정상인들은 '내가 비정상인가?'를 끊임없이 묻고, 정작 그렇지 않은 사람들은 '내가 비정상일리가 없어'라며 철썩같이 믿어버린다고 한다. 그러므로 우리는 모르는 것이 있다면 믿을 만한 사람을 찾아서 늘 물어봐야 한다. 의문이 우리를 망치는 것보다 의문을 품지 않아서 손쓸 수 없을 때 까지 망가지는 경우가 너무나 많다. 한번 바보 취급을 당하더라도 물어서 문제를 해결하는게, 평생에 걸쳐 바보로 사는 것 보다는 낫지 않을까? 낯선 곳에 있다면 주변 사람에게 길을 물어 보는 것이 낫지 않겠는가? 그게 설령 당신의 내면이라 할지라도 말이다.

우울은 내가 열어 놓은 창, 닫지 못하는 창

개과불린(改過不吝, 잘못한 것이 있으면 바로 고쳐서 두번다시 반복하지 않는 것)하는 것은 이성적이고 견고한 삶의 장벽이 되어주는 습관이다. 그런데 우리는 뭔가를 잘못할지도 모른다는 생각으로, 어떻게든 실패를 겪지 않으려 한다. 그러니까 우리를 우울하게 만드는 건 '성공하지 못하는 것에 대한 두려움'에서 비롯된다기 보다는, '실패할거 같다는 것에 대한 두려움'에서 비롯된다. 우리는 그만큼 실패에 대해 예민하다. 도전해서 이득을 얻기 보다는 현재에 머물며 손해를 보지 않길 원한다. 그렇기에 우리는 싫든 좋든 작은 실패를 겪어봐야 한다. 묘책이랄 게 없다. 물론 나도 별수 없는 인간이라 이런 사실을 알고 있었지만, 여전히 마음 밖에서 노는 생각은 우물 밑에 있는 나에게 돌을 떨어트렸다. 할 수 없이 분주히 병원을 찾고 마음이 엉뚱한 곳으로 가지않도록 노력했다. 감정은 짧은 순간에 열었다 닫을 수 있는 창문이 아니란 걸 알고 있다. 나는 오랫동안 우울이란 감정의 창문을 열어놓은 채로 살아왔다. 그리고 그 창문은 그대로 고장나버렸다. 그렇기에 감정의 장대비가 들이치면 그대로 비가 방안까지 쏟아져 들어올 수밖에 없던 것이다. 어떻게 하면 좋을까? 창문을 닫아야 한다. 창문을 닫으려는데 번개가 당신에게 내리꽂힐 것만 같은가? 당신이 열어놓은 우울의 창은 당신이 닫아야 한다. 창문이 닫히지 않는다면 임시로 비닐을 붙여서라도 막아야 한다. 왜 비가 방안까지 쏟아져 들어오는지에 대해서, 왜 내가 있는 방이 이렇게나 답답한가에 대해서 고민하기보다는 그 순간에 올바른 대처를 하는 것이 전부다. 언젠가는 당신의 머리 위로 해가 뜨기 마련이란 걸 기억하는 것. 그것이 감정조절의 기본이 아닐까 한다.

마음에 늑대를 풀어 놓고, 사람이 되길 바라지 마라

　개와 늑대의 가장 큰 차이가 어떤 것인지 아는가? 생물학적인 차이도 있지만, 이들의 행동에 큰 차이가 있다. 개는 자신이 해결할 수 없는 문제가 생기면 적극적으로 주인에게 도움을 구한다. 예를 들면 냄새는 나는데 주인의 도움이 없이는 열수 없게 닫아놓은 사료 통이 있을 때 개는 주인의 몸을 툭툭쳐서 열어 달라는 표현을 한다. 소형견을 키워본 분들은 알겠지만, 산책하다가 힘이 들면 바짓가랑이를 물면서 안아달라는 표현을 한다. 하지만 늑대는 인간에게 도움을 요구하는 표현을 하지 않는다. 늑대는 어딘가 몸에 문제가 생겼다면 무리에서 떨어져 숨다. 누군가에게 도움을 구하지 않는 것이 늑대이다. 그래서 나는 우울증에 걸린 사람의 심리는 자기 마음에 늑대를 풀어놓는 것과 같다고 생각한다. 늑대와 어울리면서 사람의 말을 곡해하여 해석하고, 스스로 외로운 늑대가 되려 한다. 하지만 그렇게 될 수 없다. 당신은 사람으로 태어났기 때문이다. 물론 오랫동안 인간이 아닌 모습으로 살아가다보면, 어떤 사람이든 간에 사람의 언어를 잊어버리기 마련이고, 흉포해질 수밖에 없다. 우리는 '인간성'이라는 불을 짊어진 존재다. 누군가는 이 불을 이용해 길을 밝힐 것이고, 누군가는 이 불을 괴롭게 여겨서 바닥에 던지려 할 것이다. 두려움을 떨치고 일어나 인간의 길을 선택해야 한다.

셋 - 나와 나의 대화법

우리의 DNA에는 우물을 찾는 능력이 있다

　행동이 실천으로 이어지지 않는다면 끊임없이 고통스러운 일들이 일어날 수 있다. 물론 목표나 목적을 크게 잡을수록 마음이 생각과 다른 길을 걷게 되는 경우도 있다. 다만 계란으로 바위를 막거나 먹줄로 나무를 자르려 하지 말고, 발품을 팔아 미래를 위해 노력해야 한다. 병의 완치를 위해 용단을 내릴 생각이라면, 불평보다는 긍정적인 마인드로 상황을 이해하고, 앞으로 나아갈 방법을 찾아보아야 한다. 시간이 지나면 기회는 돌아오지 않는다. 일어나지 않은 일에 대한 불안과 두려움에 대한 씨앗은 버리고 번거로운 일을 멀리할수록 치료의 기회는 늘어난다.
　작은 배려를 다른 사람에게 베풀어도, 그것이 인정받지 못하더라도 내 자신이 기뻐하며 웃으면 된다.
　시인 릴케는 "모든 것을 감수할 준비가 된 자만이 살아있는 관계를 지속할 수 있다"고 말했다. 타인은 때로는 나의 존재를 모르는 척 하지만, 그들은 나의 가치를 만들어 주는 중요한 존재이기도 하다.

'raurava'라는 단어가 있다. '고통에 울부짖는다'는 의미로, 인도 신화에서는 이것을 4번째 지옥의 이름으로 불렀다. 이 지옥은 인간의 증오와 싸움으로 인해 생겨난 것으로, 하늘과의 싸움에서 이기면 풍요와 평화를 얻지만, 패하면 빈곤과 재앙을 가져온다. 우리는 스스로 재앙을 만들고, 그것과 싸워나가면서 성장하는 존재다. 그렇다면 우울증에 빠졌을 때, 우리는 누구와 싸워야 할까? 그것은 결국 자신과의 싸움이다. 우리는 자신과의 싸움에서 이겨내기 위해 용기와 인내를 가지고, 자신의 마음을 다잡기 위해 노력해야 한다.

우연에 의해 정해진 가혹한 운명을 탓하지 말고, 자신의 집착에서 본원적인 원인을 찾아보아야 한다. 큰 종을 훔치려던 도둑이 소리가 들릴까봐 겁이 나서 자신의 귀를 막았다는 이야기가 있다. 이런 어리석은 행동이 지금껏 나의 언행이었다는 걸 어느 순간 깨달았다. 또한 귀중한 시간을 집착으로 채우면서 미련의 풍선을 불어 올리고 있었다. 인생에서 육신의 고통이 존재한다면 그것이 바로 내가 살아있다는 증거이고, 이를 해결해야만 한다는 뜻이란 걸 뒤늦게 알았다. 이를 온전히 받아들여 극복할 때 삶은 하나의 희망을 던져준다. 이 희망은 목마른 자가 찾아낸 작은 물웅덩이 같은 것이다. 누군가는 물웅덩이 앞에서 마실 물이 없다며 절망하리라. 하지만 누군가는 불안과 증오의 앙금을 거둬낼 여과장치를 마련하여, 깨끗한 물을 만들어 정수해 낸다. 그렇게 목숨을 지켜내고, 기어코 큰 우물을 찾아낸다. 우리 인간은 지금껏 그렇게 살아왔다. 당신이 지금 이 자리에 있는 것은 그런 선조들이 있었기 때문이다. 당신도 가능하다. 모든 인간에겐 자신만의 우물을 찾을 수 있는 능력이 숨겨져 있다.

우울함은 포유류만의 진화 방식

 어느 날 우연히 TV에서 거북이를 보며 그런 생각을 했다. 평생을 느리게 바닥에서 기어다녀야하고, 한번 몸이 뒤집히기라도 하면 제 몸을 원래대로 돌려놓기가 힘들어서 그대로 죽기도 하는 생물. 저런 유전자를 가지고 태어났는데 수명은 너무나 길어서 수백 년을 넘게 살아가야 하는, 저 거북이는 어떤 생각을 할까? 우울함을 느낄까? 정말 쓸데없는 생각이란 걸 안다. 하지만 우울함에 빠진 사람의 생각이란 게 이런 식이다.
 알아보니 파충류는 인간과 비슷한 감정을 느끼지 못한다고 한다. 우울함을 느낄 수 있는 것은 일종의 능력이고, 포유류 혹은 인간만 가능하다는 거다. 그렇다면 우리는 왜 우울함을 느낄 수 있게 진화한 걸까? 포유류가 우울함이라는 감정을 느낄 수 있는 이유는 '사회적인 동물'이기 때문이다.

우울함이란 나에게서만 비롯되지 않는다. 예를 들면 내 주변에 누군가 어려운 처지에 놓인 사람이 있다는 걸 알게 되면 우리는 '불쌍하다'라는 일종의 우울함을 느낀다. 그래서 이를 해결해 주기 위해 도움을 줌으로서 자신의 우울함을 해결하고, 자신이 어려움을 느낄때 도움을 받기도 한다. 즉, 우울함은 같은 집단 내에서 비슷한 감정을 공유함으로써, 서로의 재생과 회복에 필요한 휴식을 취할 수 있도록 도와줄 수 있는 것이다. 그렇기에 포유류들이 파충류와 비교해서 집단으로서의 힘이 강한 것이다.

그렇다면 우울함과 우울증은 같은 개념일까? 그렇지 않다. 두 개념은 다른 것이다. 앞서 이야기했듯, 우울함은 일시적인 슬픔, 실망, 좌절 등을 느끼는 정상적인 '감정'이다. 반면, 우울증은 우울한 기분이 지속되고 일상적인 활동 수행에 지장을 미치는 '이상 상태'이다. 우울함이 가볍게 멍이 든 것 정도의 부상이라면, 우울증은 골절상을 입은 것이다. 인간을 제외한 다수의 동물들이 큰 부상을 입으면 죽을 수밖에 없다. 앞서 말했지만 거북이는 몸이 뒤집혔다는 이유만으로도 죽을 수 있다. 반면 우린 의학의 도움을 받을 수 있다. 우울증을 어두운 밤하늘처럼 그대로 받아들여선 안 된다. 우울증은 치료받아야 하고, 나아질 수 있는 질병이다.

우리의 삶은 우연으로 가득찬 필연

달이 궤도의 한 점에서 떠나 다시 그 점으로 돌아오는데 걸리는 시간은 27일 5시간 5분 35.8초가 걸린다. 이를 '교점월'이라 부른다. 이렇게 달은 지구 주변을 돌면서 영향을 미치고 있다. 지구와 달은 어떻게 이런 관계에 놓이게 된 걸까? 가설에 따르면 달이 지구에 부딪히면서 불과 3시간만에 원시 형태의 달이 만들어졌다고 한다. 우리 삶에는 이처럼 우연과 연관된 일이 많이 존재한다. 때로는 좋은 일일 수도 있지만, 때로는 나쁜 일일 수도 있다.

우울증은 우리가 살아가는 일상에서 겪는 스트레스나 우리 주변에서 일어나는 일들로 인해 생기는 정신적인 문제다. 주로 우리가 경험한 충격적인 사건이나 슬픈 일들이 우울증을 유발하는데, 이러한 일들은 우리의 뇌에서 화학 불균형을 일으키기도 한다.

우리가 이런 좋지 않은 우연을 막을 수 있는 방법이 있을까? 없다. 우연이라는 건 갑작스럽게 주어지는 것이다. 따라서 우연이란 막는 것이 아니라 대처하는 것이다. 우리는 우리 삶에서 우연의 일들이 일어날 때마다 그것을 받아들이고, 이를 기회로 삼아 자신의 삶을 더욱 높은 수준으로 성장시킬 수 있다.

    좋지 않은 우연이 당신을 찾아왔을때, 당신에겐 두 가지 선택이 있다. 하나는 스스로를 원망하거나, 세상을 원망하는 것이다. 다른 하나는 서로를 위로하고 지지하며, 삶을 함께 나눌 수 있는 소중한 사람들에게 감사를 표하는 것이다. 어떤 선택을 할지는 당신에게 달려있다.

엎어진 새집을 다시 짓는 방법

우울증 환자에겐 저마다 질환을 불러내는 각기 다른 이미지가 있는 것 같다. 그것이 나에게는 '엎어진 새집'의 이미지였다. 두말할 필요 없이 이것은 어둠과 절망의 상징이다. 하지만 나는 엎어진 새집 위에 이를 다시 세우는 이미지를 그려보기 시작했다. 부정적 이미지를 지우려고 노력하기 보다는, 관점을 바꾸려 했다. 어렵고 고통스러운 일이지만 다른 사람도 가능하다고 생각한다.

얼핏보면 새들이 지어놓은 둥지는 얼기설기 나무조각으로 이어져있어서 쉽게 부서질 것 같지만 막상 그 조각을 빼보려고 하면 정말 튼튼하게 이어져있다는 걸 알 수 있다. 비가 내려도 물이 빠져 나갈 수 있게 되어있다. 겉보기와 달리 절대로 허술하게 짓는게 아니다. 새들도 처음부터 둥지를 잘 짓는 게 아니다. 그래서 어린 새들보다 나이든 새들이 훨씬 둥지를 잘 짓는다고 한다. 이와 마찬가지로 하루하루 조금씩 발전하면, 그것이 모여서 큰 변화가 될 것이다. 엎어진 새집을 일으키는 일은 노력과 시간이 필요한 일이다. 하지만 불가능한 것은 아니다. 우리는 새보다 더 크고, 튼튼한 둥지를 지을 수 있는 그런 능력이 있기 때문이다.

추소, 근본으로 거슬러 올라가 살피다

　우리는 삶에서 여러 가지 문제와 상황을 마주하게 된다. 때로는 이러한 문제들이 복잡하고 해결하기 어려운 것들일 수도 있다. 이 문제를 해결하기 위해서는 그 문제의 근본적인 원인을 파악해야한다. 이때, 추소(追溯)라는 개념이 매우 중요한 역할을 할 수 있다. 추소란 문제의 원인이나 상황을 이해하기 위해 뒤로 거슬러 올라가서 그것을 조사하고 분석하는 것을 의미한다. 예를 들어, 당신이 건강이 나빠져서 병원에 가야한다면 원인을 파악해야한다. 생활 습관, 음식 섭취 습관, 근무 환경 등을 조사하고 분석할 수 있다. 이를 통해 문제의 원인을 파악하고, 그 원인에 맞는 치료나 생활 습관의 변화를 통해 건강을 회복한다. 이처럼 문제의 근본적인 원인을 파악하기 위해서는 크게 두가지가 필요하다.
　첫째, 꼼꼼한 조사와 분석 그리고 시간과 노력이 필요하다. 노력과 시간이 부족하다면, 문제를 해결하는 데 어려움을 겪을 수 있다.

둘째, 문제를 다양한 각도에서 바라보고 분석할 수 있는 시각과 능력이 필요하다. 그렇지 않으면 문제의 복잡성을 이해하고 해결책을 마련하는 것이 어렵다.

지엽적인 것에 사로잡히지 말고 근본적인 원인이 무엇인지를 파악하고, 이에 따르는 대응책을 마련한다면 우울증을 극복하는데 큰 도움이 될 것이다.

행복의 반대말은 불행이 아닌 욕심

　누군가 말했다. 행복의 반대말은 불행이 아니라 욕심이라고. 욕심이 과도할 경우 끝없는 불만족에 시달리게 된다. 이는 성취하고자 하는 목표와 상반되어 불안감과 스트레스를 유발할 수 있고 정신 건강 문제를 유발할 수 있다.
　욕심이 과도하게 높을 경우 개인은 상황에 따라 자신의 능력을 과대평가하거나 과소평가할 수 있다. 만약 목표를 달성하지 못하면, 자책감과 실패감으로 인해 우울증을 경험할 가능성이 높아진다. 또한, 욕심이 너무 높아서 목표를 달성할 때까지 계속해서 노력하는 경우, 스트레스와 과로로 인해 우울증이 발생할 가능성도 있다. 나도 이런 욕심의 문제로 우울증을 겪었다. 내 주변의 사람들은 모두다 나보다 잘 살고 있고, 나보다 행복한데 '왜 나만 이런 걸까'하는 생각으로 고통스러워했다. SNS라는 것이 생겨난 이후로

젊은 사람들은 더욱 이런 생각을 많이 하는 것 같다.

욕심의 고통을 해결하기 위해서는 현실적인 목표를 설정하고 달성해 나가는 것이 중요하다. 자신이 무엇을 원하는지, 무엇에 대해 욕심이 있는지 인지하고 자각하는 것이 중요하다. 그러기 위해서는 앞서 이야기했던 것처럼 근본으로 거슬러 올라가 봐야 한다. 자신의 욕심이 어디서 비롯되었는지 파악하고, 어떤 부분을 수정해야 하는지 살펴봐야 한다.

목표를 달성하지 못했을 때, 자신을 비난하거나 자책하는 것이 아니라, 자신에게 충분한 칭찬을 해주는 것도 중요하다. 욕심이 많은 사람이 가장 하기 힘든 것이 바로 스스로에 대한 칭찬이다. 작은 성취를 이끌어낼 때마다 자신에게 충분한 칭찬을 해주는 것이 중요하다. 예를 들어, "내가 한 일에 대해 자랑스럽다"라는 말을 자주 하며, 자신의 성취를 칭찬하는 것이 좋다. 자신이 목표를 달성하는 데에 있어서 다른 사람들의 도움을 받았을 경우, 그들에게 감사의 마음을 표현하고, 그들의 도움을 받아 성취할 수 있었다는 것을 인정해야 한다.

나는 그렇게 생각한다. 우울증과 관련해 많은 원인들이 존재하지만, 사실은 욕심이라는 것이 큰 기저에 있고, 욕심에 대응하는 방식에 따라 치료의 길이 열리지 않을까하고 말이다. 욕심이란 필연적으로 자신에 대한 혹독함과 분노로 연결되기 마련이다. 작은 행운의 순간들을 지나치지 말고, 행복을 느끼기 위해 노력해야 한다. 내 오른손에 분노를 쥐었다면, 왼손으로는 인내심을 쥐어 분노를 삭힐 수 있다. 당신도 그렇게 할 수 있다.

우울증은 통제불가능한 지독한 의지력

　육체는 마음과 분리되지 않으며 마음은 영혼의 생사여부를 결정한다. 그렇기에 우리는 잔인한 운명을 정면으로 직시해야 할 필요가 있으며 조화로운 시간을 보내기 위해 노력해야 한다. 내 자신을 더욱 발전시키기 위해 노력해야 한다.

　힘든 시기를 겪을 때, 우울증의 증상이 발생하기 쉽다. 이때 불합리한 대우를 받았던 기억이 우울증을 유발할 수 있다. 그러다보면 주변 사람들이 내가 볼 수 없는 곳에서 나에 대한 험담을 할 것이란 의심이 든다. 잘 생각해보면, 내가 듣지 않았거나 듣지 못한 말은 없는 것이다. 하지만 마음이 약해지면 우리는 스스로 없는 말도 만들어 낸다.

　그가 이렇게, 저렇게 나에 대해 말했을꺼야.

　이건 누가 만들어 낸 말인가? 다른 사람이 아니라 나다.

그냥 이대로 살아도 괜찮아.

이건 누가 하는 말일까? 이것 역시 내가 나에게 하는 말이다. 우리가 진정으로 싸워야 할 것은 의심가는 타인이 아니라 나를 약하게 만들고 있는 내 자신이다. 그렇기에 우울증 환자에겐 치료가 필요하다. 포기하지 않고 치료를 계속하면, 지인들의 오해와 상관없이 우리 자신을 언제든 발전시킬 수 있다.

다만 좋은 기회가 찾아와도 오해로 인해 치료의 노력이 헛수고로 돌아갈 수도 있다. 우리는 진실과 진심을 보여야 한다. 진리는 눈에 보일 때보다 눈에 보이지 않을때 더욱 중요하다. 이러한 태도로 세상의 인심을 얻을 수 있다. 물 한 방울이 돌을 뚫고, 조금씩 모아진 돈이 천 원이 되듯이, 꺾이지 않는 의지와 노력만 있다면 부처와 하늘의 도움 없이도 어려움을 극복할 수 있다. 그런데 이런 이야기를 하면 누군가는 '그런 의지력도 타고난 능력이 아니냐'라고 말한다. 과연 그럴까? 이 사실이 진짜 맞는 것인지 알고 싶다면 적어도 하나의 새로운 분야에서 최소 1년 정도를 포기하지 않고 매달려 봐야 한다고 생각한다. 아무것도 이루지 못했는가? 그러면 다른 분야에서 또 1년을 달려보는 거다. 우리의 삶을 1년 단위로 잘게 쪼개서, 다른 스테이지에 나를 던져보는 것이다. 운동을 1년 해보고, 글쓰기를 1년 해보고, 그림 그리기를 1년 해보는 것이다. 싫든 좋든 그냥 하는 거다. 그러다보면 깨닫게 되는 게 있다. 나를 정하는 건 나일 뿐, 고정된 나는 없다는 거다. 그렇기에 '의미 있고 가치 있는 일'은 없다. '내가 의미를 부여하고, 내가 가치를 부여할 때' 그것이 '나에게 의미있고 가치 있는 일'이 되는 것이다. 그렇기에 의지력보다 항상 선행되는, '하고 싶거나, 하기 싫거나' 하는 우리의 '취향'이 더 강력하게 작동한다고 본다. 이를 우울증이라는 질병으로 확장해보면 '우울하고 싶거나, 우울하기 싫거나'이다. 그래서 우울증이란 건 역설적으로 지독한 취향이고 의지력이다. 자신의 삶, 나의 감정에 대해 부정적이고 냉소적인 쪽으로 스스로를 지독하게 몰고 가는 마이너스의 취향이다. 이 마이너스의 취향은 '나' 혹은 '내 몸'이 만든 것이다. 그렇기에 우울증을 겪을 때 중요한 건 스스로에게 원인이 있다는 것을 인정하는 것이다. 다른 사람을 탓하거나, 다른 방법을 찾고자 하면 우울증이라는 친구의 그림자에서 벗어날 수 없다.

'하로동선'이란 말이 있다. 여름의 화로와 겨울의 부채라는 뜻으로 아무 소용없는 짓이 될 수 있다는 이야기이다. 우울증을 치료하는 것엔 어떤 좋은 방법이 있을까? 사실 좋은 도구가 있는 게 아니다. 그 도구를 쓰기에 좋은 시간이 있는 것이다. 인생의 혼돈은 삶의 시간 안에서 누구나 겪을 수 있는 보편적인 과정으로 이해해야 하며, 이렇게 하면 세상과 마주해야 할 불협화음을 줄일 수 있다.

치료에서 이치와 이해를 벗어나는 무의미한 방법을 선택하면 길을 잃을 수 있다. 장님이 태양을 말하는 것처럼, 동료에게 민간요법을 설파하는 것은 어리석은 선택이다. 절박한 심정으로 치료의 길을 찾아 나서면, 오히려 어리석음과 편견에 빠질 수 있다. 인(仁)을 구하여 인(人)을 얻으면, 원망이나 원한을 품지 않을 수 있다. 이렇게 배우게 된 참뜻은 포용력을 높여주고, 일상을 정돈해주며, 독선과 편견의 벽을 허물어준다. 한 마디 말로 타인을 치료할 수도 있지만, 상처를 줄 수도 있다.

프루스트는 '기억은 존재의 본질을 규정한다'고 말했다. 삶에서 주는 교훈을 읽어내는 것이 중요한다. 스스로를 속이는 것은 결국 후회, 집착, 미련을 만들고, 자신에게 영혼이 없다는 부채의식을 심어줄 수 있다. 당신은 불완전한 사람이다. 우리 모두가 그렇다. 그렇기에 우리는 서로를 돕는 방법을 택했고, 지금의 문명을 이뤄낸 것이다.

마음 속에서 떨어지고 있는 낙엽

작은 것으로 큰 것을 볼 수 있다는 말이 있다. 이 말은 일면으로는 맞다. 하지만 이것은 모든 분야에 적용되는 말이 아니다. 왜냐하면 우리가 작은 것이라고 여기는 것이 알고보면 '정말 작은 것'이 아니고, 우리가 큰 것이라고 여기는 것이 알고보면 '정말 큰 것'이 아닌 경우가 태반이기 때문이다. 우리의 인식, 지식에는 명백한 한계가 있다. 따라서 무엇인가를 '안다'라고 말하는 것은 위험하다. 대표적 예를 들어보면 우리는 다른 사람이 병원에 가보라는 말을 하면 - 설령 그것이 정말로 걱정어린 말이라고 할지라도 - '나는 내가 잘 안다'라고 방어적으로 말하곤 한다. 우리가 평생을 살아가면서 가장 모르는 존재가 있다면 그건 나다. 이것은 우울증이 나에게 알려준 인생의 중요한 교훈이다.

오래전 이야기이다. 어느 날 옆구리에 뭔가 이상한 두드러기 같은 것이 생겨서 혹시나 하는 마음에 곧장 병원을 찾아간 적이 있었다. 아주 어렸을 때 같은 자리에 대상포진이 생겼던 기억이 있었다. 설마했는데 역시나 대상포진이었다. 대상포진이란 소아기에 수두를 앓은 뒤 몸 속에 잠복상태로 존재했던 바이러스가 다시 활성화되어 발병하는 것이다. 열살 무렵에 완치된 이후 50여년이 넘는 시간 동안 이 바이러스가 죽지 않고 몸 속에 숨어있다가, 면역력이 떨어지니 되살아 난 거다. 내가 느끼지도 못하고, 알지도 못하는 무엇인가가 사실은 나와 함께 아주 오랜 시간에 걸쳐 함께 살아가고 있었고, 내 몸의 면역체계가 무너지기만을 기다리고 있던 거다. 그러니 우리는 인정해야 한다. 나는 나에 대해 잘 모른다는 걸 말이다. '나는 나에 대해 잘 모른다'라고 무지를 인정했을 때, '내가 나에게 대처하는 올바른 방법'을 찾을 가능성이 더 높아진다. 나의 역사를 기억하고, 올바른 방향을 찾아서 적절히 대응해야한다. 수두에 걸리면 완치 후에도 수두 바이러스를 평생 몸에 간직한 채 살아가게 되는 것처럼, 우울증도 이와 비슷하다. 우울증에 걸리게 되면 그것이 나은 뒤에도 우울 바이러스를 마음 속 어딘가에 간직하고 살아가는 거다.

우울증 환자가 아닌, 평범한 현대인들 역시 크든 작든 비활성화된채로 잠복해있는 우울증 인자가 한 두개쯤 있기 마련이다. 우리는 낙엽이 떨어지는 것을 눈으로 보고 계절이 바뀌고 있다는 걸 안

다. 하지만 우리 마음 속에서 떨어져내리고 있는 낙엽은 눈치채지 못한다. 무슨 뜻인지도 모르고 넘겨버린다. 대다수의 우리는 하루하루를 벌어먹고 살기에도 너무나 바쁘기 때문이다. 스스로를 돌아볼 시간이 없다. 우리는 인정해야 한다. 어느 시대보다 내가 나를 모르는, 나와 나의 내면과의 거리가 먼 시대를 살아가고 있는 것을 말이다. 그렇다면 우리는 어떻게 내 마음속의 계절이 바뀌는 것을 알 수 있을까? 일기 예보를 보듯, 1년마다 건강검진을 하듯, 정신상담을 받아보는 것이 좋다. 정부에서도 국민건강을 위해 무료로 공공센터를 운영하고 있으니, 지역에 있는 정신건강복지센터를 찾아가보면 도움이 될 것이다. 이야기를 털어놓는 것 만으로도 조기에 해결될 수 있는 그런 심리적 문제들이 있기 때문이다. 정말 어려운 문제라서 어렵다기보다는, 쉬운 문제를 어렵게 만드는 내 자신이 있다는 걸 기억했으면 한다.

자해에서 빠져 나오는 길

우울증이 심해지면 자해를 할 수 있다. 그런데 이 자해는 죽고 싶어서 하는 게 아닌, 자살의도가 없는 자해인 경우가 꽤 많다. 그러니까 이런 자해는 실제로는 살고 싶어서 하는 행동이다. 우리 인간은 다른 동물들과 달리 감정을 억누를 줄 안다. 이는 후천적 학습에 따른 것이다. 원시시대에서 점점 많은 사람들이 모여사는 공동체 사회가 되면서 우리는 다양한 방법으로 감정을 억누르고 욕망을 통제하는 수단을 만들어 왔다. 법, 종교, 도덕 등 다양한 방법으로 말이다. 하지만 언제까지 감정을 숨기고만 살 수는 없다. 내부에 압력이 가득차서 터지기 전에 이를 건전한 방법으로 해소해야한다. 하지만 여러 이유로(트라우마 혹은 개인의 타고난 성품 등) 이 내적 압력을 해소하기 힘들어 하는 사람들이 있다. 이를 해소하는 가장 좋은 방법은 운동을 하는 것이지만, 우리나라에서는 운동을 너무나 도외시 하는 경향이 있다. 오로지 수능, 대입만을 위해 학생들을 경쟁으로 밀어 붙이고 있다. 체육 수업은 들러리 과목에 불과하다. 다른 선진국가들의 교육 과정을 보면 체육에 정말 많은 신경을 쓰고 있는데, 우리는 여전히 엘리트 위주의 체육인 양성에만 신경을 쏟고 있다. 한 운동 유튜버는 이런 우리의 현실을 개탄하면서 이렇게 말했다.

"그 엘리트들에게 들어갈 돈을 생활 체육에 쓴다면 올림픽 금메달 숫자는 줄어들지 몰라도 청소년 자살률을 떨어 뜨릴 수 있을 것이고 좀 더 많은 학생들이 평생에 걸쳐 건강하게 살아가는 방법을 배울 수 있을 것이다."

나도 그의 말에 동감한다.

자, 본론으로 돌아가자. 나는 이렇게 생각한다. 감정을 해소하는 좋은 방법을 습득하지 못한 사람들이 자기 내부의 심리적 압력을 견디다 못해 비자살성 자해를 하는 게 아닐까. 하지만 당연하게도, 이런 자해는 일종의 중독성이 있다. 때로는 자해인을 보고 '나도 해볼까?'라는 생각으로, 일종의 동질감을 추구하려는 과정을 통해 전염되기도 한다. 이런 자해는 처음에는 작은 강도로 이뤄진다. 자해는 이를 행한 순간에는 심리적인 해소나 위안을 주는 것 같지만 실제로는 그렇지 않다. 점점 강도를 높이지 않으면 심리적 압력이 낮아지지 않는다. 그러면서 더 강한 자해를 하다가 병원에 실려

가고, 심하면 목숨을 잃기도 한다. 그렇다면 이를 어떻게 해결해야 할까? 예를 들면 우리가 극도로 분노해서 극단적인 생각이 치밀어 올라올 때 어떻게 할까? 일단 그 감정을 해소하기 위해 물을 한 잔 먹는 경우가 있다. 아니면 잠시 동네를 한 바퀴 돌아보기도 한다. 음악을 듣기도 한다. 그러다보면 머리가 식고, 정신을 가다듬을 수 있다. 자해를 피하는 것 역시 이와 비슷하다. 극단적인 생각이 피크를 찍었다면, 일단은 그 자리나 상황을 피해서 잠시 머리를 식힐 수 있는 무엇인가를 해야한다. 당연하지만 운동을 해도 좋고, 전화가 가능한 사람에게 전화를 해도 좋다. 정신과 약을 먹는 것도 좋다. 약 자체도 효능이 있지만, 약을 먹기 위해 봉투를 뜯고, 물을 따라서 먹는 사소한 과정 자체가 당신의 관심을 자해가 아닌 다른 곳으로 흐르게 할 수 있다. 우리의 마음은 자연적으로 흐르는 물과 같다. 자연스럽게 흘러가게 해야만 물이 썩지 않는 것처럼, 마음은 '통(統)'하는 것이 아니라 '통(通)'해야 한다.

우울증 보다 더 위험한 억지 웃음

강한 부정은 강한 긍정이란 말이 있다. 그렇다면 이를 반대로 뒤집어서 강한 긍정은 강한 부정이 될 수도 있을까? 나는 그렇다고 생각한다. 그래서 강박적으로 좋은 엄마, 좋은 아빠, 좋은 아들, 좋은 딸로 보이고 싶은 사람들의 마음 한편에는 강한 결핍이 있는 것 같다. 그래서 이런 사람들은 가족에게도 단점을 보이지 않으려 하지 않고, 좋은 모습만을 보여주려 한다.

하지만 그렇지 않아도 된다. 당신이 가지고 있는 단점 혹은 결점이 오히려 당신의 장점이 될 수도 있다. 단, 이를 스스로 인정하고, 솔직하게 도움을 청한다면 말이다. 그런데 사실 '도움을 구하는 것'이 우울증에서 가장 어려운 측면이지 않는가 싶다. 나도 그랬으니까. 도움이 필요하다는 사실을 알면서도, 다른 한편으로는 '괜찮을 거야'라고 생각하거나 '그래도 누구보다는 나아'라고 생각하면서 도움을 거부한다. 왜 그런 걸까? 네가 내린 결론은 이렇다. '내가 생각하는 나'와 '실제의 나'에 근본적인 차이가 있기 때문이다. 나는 행복하며, 건강한 사람이므로 우울증에 걸릴 이유가 없다고 생각하며 도움이 필요없다고 생각하는 게 대표적이다. 이것은 우리의 인식에 숨어있는 구조적인 문제다.

평상시의 우리가 인식하는 나는 '내가 생각하는 나'다. 이는 '실제의 나'가 아니다. 당신이 내 자신에 대해 '나는 이런 사람'이라고 정의한 순간 그것은 사실 당신의 현재가 아니라, 과거의 이야기이다. 매순간 우리는 많은 것들을 숨쉬듯 직간접적으로 경험한다. 1초 사이에 당신의 심장은 몇번을 뛰고, 숨은 몇 번을 쉬는가? 성격도 마찬가지다. 당신은 긍정적인가? 그럴 수도 있고, 아닐 수도 있다. 당신은 부정적인가? 역시 그럴 수도 있고, 아닐 수도 있다. 우리는 우리가 원하든 원치 않든 매 순간 바뀌고 있다. 그러니 우리는 내가 생각하는 방식대로 현재의 나를 인식하고 있을 따름이다. 즉, 실제의 나는 고정적인 게 아니라 시시각각으로 변하고 있는 존재다. 반면 우울증 환자들에겐 고착화된 자기 자신이 있다. 그것이 실제의 내가 아님에도 스스로를 그 기둥에 묶어버린다.

이 사실을 깨달은 것은 우울증을 벗어난 뒤 여유가 생기고 나서 다른 우울증 환자들의 모습을 봤을 때였다. 부정의 말뚝을 박고 나의 가능성에 굴레를 씌운 뒤에 이에 맞춰서 모든 것을 판단하고 행동했던 것이다. 이 문제를 해결하려면 어떻게 해야 할까? 지금 당장 할 수 있는 것, 상태가 더 악화되기 전에 할 수 있는 일을 해야 한다. 왜 잘못된 길로 들어왔을까를 한탄하거나 고민하는 것은 의미가 없다. 답이 없을 것 같은 우울한 삶 속에서도 길을 찾으려 하다보면 어느 순간 '유턴 가능' 표지판이 나오기 마련이다.

앞서 말했듯 나는 그 기회를 글쓰기에서 찾았다. 나와는 다르겠지만, 당신에게도 분명 그런 기회가 찾아올 것이다. 그 순간을 부디 놓치지 마시기 바란다.

동기부여는 위험하다

나는 요즘 사람들이 '동기부여가 필요하다'라는 이야기를 하는 걸 종종 듣는다. 동기부여를 위해 유명인의 비싼 유료 강의를 듣는 분들도 있다. 하지만 동기부여란 이미 자신의 주관대로 삶을 이끌어나가고 있는 사람에게 필요한 일종의 추진제이지, 무엇을 해야 할지 아무것도 모르는 상황에서 동기부여란 독이나 마찬가지다.

만약 당신이 무엇을 해야하는지도 모르고, 아무런 노력도 하지 않고 있는 그런 상황에서 강한 동기부여를 받았다고 가정해 보자. 당신은 동기부여에 따라서 어떤 노력을 기울였을 것이다. 그런데 그 노력이 당신에게 맞지 않는 다는 걸 뒤늦게 알았다면 어떻게 할까? 그것은 결국 돈과 시간 낭비, 인생의 낭비가 되고 말 것이다.

노력이란 방향과 결과가 명확했을 때 가치가 있는 것이다. 우리에겐 정해진 노력의 한계가 있다. 우리가 한계를 명확히 인식했을 때 우리는 내가 할일과 하지 않을 일에 대한 경계를 그을 수 있고, 허튼 노력을 하지 않고, 목표를 달성하는 과정에서 자신만의 자유를 누릴 수 있다. 물론 내가 무엇을 해야 할지 모르겠어서 동기부여가 필요하다고 말하는 분도 있을 것이다. 이 역시 마찬가지로 동기부여가 선행되선 안 된다.

동기부여가 없으면 우린 정말 아무것도 하지 못하는 존재인가? 그렇지 않다. '그냥' 해보는 게 중요하다. 얼핏 생각하면 강한 동기부여가 없다면 '금방 포기하지 않을까?'라는 생각을 할 수 있다. 그런데 우리는 사실 뭔가를 끝까지 시도해보고 포기하는게 아니라, 그냥 포기에 대한 두려움으로 미리 포기하는 경우가 대부분이다. 오히려 특별한 동기부여나 이유없이 시작한 일이 더 오랜 기간 꾸준하게 할 수 있거나 때로는 평생에 걸친 업이 되는 경우도 흔하다. 그럼에도 다시 한 번 말하지만, 포기하는 건 매우 중요한 능력이다. 그런데 포기가 필요한 상황에서 동기부여는 부작용을 만들어낸다. 열에 아홉, 동기부여를 주창하는 사람들은 '포기하지 말라'라며 '포기하는 사람은 나약한 사람'이라고 가르치고, 동기부여에 경도된 사람은 이를 억지로 따르려 한다. 포기라는 것은 그렇게 단순한 것이 아니다.

우리에겐 저마다 다른 능력이 있고, 같은 분야 안에서도 저마다 잘하는 것이 다르다. 예를들면 100미터 달리기 선수는 될 수 없어도, 마라토너가 될 수 있는 사람이 있다. 시나 소설보다는 영화 시나리오를 더 잘 쓰는 사람이 될 수도 있다. 하지만 처음부터 자신의 재능을 정확히 알 수는 없기에, 당신이 무엇을 잘하는지를 알려면 처음에는 노력을 해야하는 게 당연한다. 그리고 나서 이 길이 아니라 생각했을 때는 욕심을 내려놓고 다른 길을 찾는 것 역시 중요하다. 즉, 포기란 삶에서 더 좋은 방법을 찾기 위한 중요한 전략 혹은 전술이다.

우울증의 큰 원인 중 하나는 포기해야 할 걸 포기하지 못해서, 어떻게든 억지로 쥐고 있으려는 과정에서 악화되는 경우가 정말 많다. 그만큼 우리는 포기하는 것을 두려워한다. 포기는 그간의 기회비용을 모두 날리는 것처럼 생각되기 때문이다. 하지만 이를 아까워해서는 안 된다. 포기하지 않는 것만이 용기가 아니다. 멈춰 설 때를 아는 것이야 말로 용기가 필요하다.

포기는 도전하는 자에게 허락된 축복이다. 한 번만 포기하지말고 1년간, 매달 새롭게 도전하고 12번 포기해보라. 무엇에 도전했는지, 왜 포기했는지를 기록해보라. 그러면 적어도 한 번 해보고 포기한 사람 혹은 한 번 성공한 사람보다 더 많은 것을 배우고 느낄 수 있을 것이다.

재미를 느끼지 못하는 것은 가장 위험한 것

　우울증이 오랜시간 누적되면 자살과 같은 극단적인 선택을 하는 경우가 있다. 이들의 죽음은 주변 사람들에게 심각한 후유증을 남기는데 이것은 하나의 질문으로 귀결된다. 왜 그(혹은 그녀)가 그런 선택을 할 거란 전혀 징후를 나는 몰랐을까? 함께 살아왔던 배우자 혹은 자녀들은 이 질문을 끊임없이 하게 되고, 그 죽음에 자신의 책임이 있지 않은지 계속해서 말 한마디 한마디를 의심하게 된다. 이 과정에서 유가족들 또한 우울증을 경험하게 되는 경우가 많다.

　최근 보건복지부에서 발표한 '심리부검'에 따르면 자살사망자가 자살에 대해 생각하거나 실행에 옮길 의도가 있다는 것에 대해 유가족들의 94%는 '변화가 있다'라는 걸 알고 있었다고 한다. 다만 이 신호를 인지했는가를 물어보는 질문에는 75%가 알지 못했다고 대답했다. 왜 그랬을까? 자살 사망 3개월 전 경고 신호의 대부분은 감정상태의 변화(243명, 32.3%)와 무기력, 대인기피, 흥미상실(185명, 24.6%), 식사상태 변화(184명, 24.4%)로 조사됐다. 얼핏봐서는 변화를 알아차리기 힘든 것들이다. 아무리 가족이라고 해도 누군가의 '무기력'이나 '흥미상실'을 명확히 알 수 있을까? 요즘들어 힘이 없어보이거나, 취미에 관심이 없어졌다거나, 입맛이 없다던가 하는 정도로 넘기기 마련이다. 이런 예기치 못한 상황에서 극단적 선택이 벌어지는 것이다. 유가족들의 충격도 엄청날 수밖에 없다. 게다가 이렇게 자살한 사람의 52%는 유서를 남기지 않은 것으로 조사됐다. 가족이나 친구의 입장에선 일말의 단서조차 남기지 않고 떠나버렸으니 도저히 이해할 수가 없는 거다. 그래서 한참 시간이 지난 뒤 고통스러운 기억이 조금 무뎌졌을때, 작은 사실들을 하나하나 그러모아서 납득 가능한 설명을 찾아내는 경우가 많다. 이때 비로소 자살 사망자에게 어떤 심리적 변화가 나타났는지를 깨닫게 된다.

우리는 흔히 자살자가 삶에 절망하여 '슬픔'을 견디지 못하고 죽는 것으로 생각하기 쉽다. 하지만 의외로 많은 자살 사망자들이 깊은 무기력감을 느끼다가 이것이 호전되어 가는 과정에서 기력을 회복하게 됐을 때 행동력이 생겨나면서 자살에 이르게 되는 경우가 많다. 그간 쌓아 두었던 우울한 생각이나 감정을 자살이라는 형태로 옮겨버리는 거다. 자살은 악이고, 삶은 선이라 생각하는 것은 일반적인 사람들의 관점에서는 옳은 이야기이다. 하지만 이런 극단적인 선택을 하는 우울증 환자의 마음은 좀 다른 것 같다. 심각하게 삶에 재미가 없다고 느끼기에, 죽음을 거부할 이유가 없어지는 걸지도 모른다. 물론 이것은 짧은 경험과 주관적인 관찰을 통해 내린 내 나름의 추정이므로, 하나의 설에 불과하다는 걸 이해해 주시기 바란다.

우울증 환자에겐 언어 자본이 필요하다

우리는 흔히 많은 재산을 가진 사람을 부자라고 칭한다. 하지만 진정 부유한 사람들과 사람들과 이야기를 나눠보면 이들에게 재산이란 돈 하나만이 아니란 걸 깨닫게 되곤 한다. 그중 하나가 바로 언어가 아닐까 한다. 그들의 말에는 여유가 있고, 침착하며, 시기심이나 조급함이 보이지 않는다. 이것은 더 많은 사람들과의 소통을 원활하게 만들어주고, 더 많은 협업의 기회를 만들어낸다. 그렇기에 그의 부유함은 제자리에 머무르지 않고 매번 새로운 기회를 통해 확장해 나가게 된다. 그는 어떻게 이런 습관을 가지게 된 걸까? 프랑스의 사회학자인 피에르 부르디외는 이를 가리켜 '아비투스(habitus)'라고 표현한다. 쉽게 말하면 이는 '체화된 버릇'이라고 할 수 있다. 브루디외의 이론에 따르면 이는 개인적인 습관이 아니라, 눈에 보이지 않는 사회 계급의 차이를 만들어낸다. 그의 이론에 따르면 이런 아비투스는 하나의 자본처럼 대물림 된다. 상류층에 속하는 가정의 부모들은 자녀들에게 긍정적이며 명확하게 자신의 의사를 표현할 수 있게 가르친다. 반대로 하류층 가정의 많은 부모들은 자녀들에게 뭔가를 가르치기보단 직간접적인 비속어와 욕, 험담, 비관적인 말을 남발하곤 한다. 이런 부정적인 언어 자본은 자식에게 이어지기 마련이고, 이것이 오랜기간 습관으로 형성되면 이를 개선하기 어려워지게 된다.

우울증 환자들도 마찬가지라고 생각한다. 본인이 자신에게 어떤 아비투스를 주입하고 있는지 잘 살펴봐야 한다. 부정적이고 냉소적인 말들을 계속해서 머릿속에 생각하고 있지 않은가? 내가 우울증 치료를 위해 다니던 병원에서 다른 우울증 환자가 거의 강박적으로 '조금', '약간'이라는 말을 수없이 반복하는 것을 들었던 적이 있다. 예를 들면 "그건 제 취향은 아니에요"라는 간단한 문장을 그는 이렇게 말하고 있었다.

"그건 조금, 약간 제가 봤을땐 약간 별로, 제 취향엔 조금 별로…"

지금 생각해보니 자신의 의견을 내놓는게 두려운 사람들이 이런 어휘를 붙여서 자기의 언어자본을 축소시키고 있는 게 아닐까 하는 생각이 들었다. 매번 말끝을 명확히 매듭짓지 않고 흐리는 것도 그의 습관 중 하나였다. 그래서 나는 '당신이 대우받고 싶은 방식으로 다른 사람을 대하라'라는 말처럼, '당신이 대우받고 싶은 방식으로 나 자신과 대화하라'라고 말하고 싶다. 내가 내뱉는 언어의 첫 소비자는 바로 나다. 당신은 자기 자신에게 어떤 언어를 구입하고 싶은가? 매일 당신이 내뱉는 말이 돈과 같은 한정적인 자원이라고 생각해보라.

평소에 어떤 약속을 말해왔고 그 중에서 얼마나 지켜왔는가? 만약 당신의 언어자본이 모라토리움(국가 파산) 혹은 디폴트(국가 부도) 상태라면 어떻게 해야 할까? 그렇다면 내가 쓰는 언어에도 구조조정이 필요하다. 내 목소리를 하루동안 녹음해 두거나, 기록을 하면서 내가 반복해서 하는 말 혹은 머릿속에 떠오르는 말이 무엇인지를 기록을 해보라.

나쁜 언어들은 퇴출시키고 이를 바꾸고 싶은 다른 좋은 말을 떠올려 보라. 빈자리를 대체할 수 있는 다른 어휘가 떠오르지 않는다면 책을 읽거나, 오디오북을 듣거나 하면서 많은 어휘 속에 나를 노출시켜 보기 바란다. 그러다보면 내가 한번도 써보지 못한 어휘들을 접하게 되고, 이를 현실에서 어떻게 사용해 볼 수 있을까를 생각해 보게 된다. 그러다보면 자연스럽게 내 말투가 달라지기 시작하고, 내 행동이 달라지는 것을 느낄 수 있다.

우리는 우리 삶의 스탠드업 코미디언이 되어야 한다

인터넷에서 우연히 이런 글을 본적이 있다. 글쓴이의 말에 따르면 자기 회사에 직원 복지를 위해 고용된 시각장애인 안마사가 계시는데, 안마가 너무 시원해서 "안마사님, 정말 시원하게 잘 해주신다고 제가 소문 낼께요"라고 했다. 그러자 시각장애인 안마사가 웃으면서 이렇게 말했다.

"너무 기뻐서 눈뜰 뻔했어요. 눈뜨면 저 잘리는데."

글쓴이의 이야기가 사실인지 아닌지는 접어두고, 코미디의 강력한 점은 누가 어떻게 말하느냐에 따라 웃지 못할 이야기도 웃음으로 극복할 수 있다는 것이다. 우리는 이를 '해학'이라고 한다. 웃음과 함께 삶의 불완전함과 모순에 대해 생각해보게 된다. 그래서 나는 우리가 우리 삶의 스탠드업 코미디언이 되어야 한다고 말하고 싶다.

코미디는 불행한 상황에서의 극적인 대비를 만들어 준다. 재난적

인 상황에서도 유머를 찾을 수 있다는 것은 큰 능력이다. 상황을 다루는 데 도움이 되는 긍정적인 마인드셋을 형성할 수 있다. 이를 통해 우리는 상황을 다른 각도에서 바라보고, 더 효과적으로 대응할 수 있는 방법을 찾을 수 있다.

코미디의 목표는 사람들을 웃게 하고 예상치 못한 방식으로 생각하게 하는 것이다. 따라서 이런 소재를 다룰 때 우리는 상상력을 발휘하고, 새로운 시각과 해결책을 발견할 수 있다.

자신의 불행했던 경험을 코미디 소재로 사용하는 것은 그 경험을 자기 수용과 자기 성장을 위한 도구로 활용하는 것을 의미한다. 어떤 문제에 직면했을 때 우리는 종종 자신을 탓하거나 좌절할 수 있다. 그러나 코미디를 통해 우리는 우리 자신을 객관적으로 받아들일 수 있으며, 자신에 대한 이해와 자기 성장을 이룰 수 있다.

이런 이야기를 하면 말은 그럴싸한데 실제로 그게 가능하겠냐고 생각할 수도 있을 거다. 우리나라에서 장애인으로 스탠드업 코미디언을 하시는 분이 있다. '한기명'씨라는 분이다. 이분은 7살 때 교통사고로 뇌병변 장애, 시각장애를 포함한 여러 장애를 안고 살아가는 분이다. 그는 스탠드업 코미디에 출연해 이런 이야기를 한다.

"꽃동네(사회복지시설)에 가서 자원봉사를 하고 있었는데 정신을 차려보니까 다른 봉사자들이 절 목욕을 시켜주고 있더라고요. 싫지는 않았어요."

그는 코미디의 말미에 이렇게 덧붙였다.

"나는 장애를 즐기고 있습니다."

우울증 환자의 삶은 쉽지 않다. 아무것도 하고 싶지 않고, 할 수 없는 것 같다. 하지만 그럼에도 분명 주변을 돌아보면 당신이 재밌어 할만한 것들이 있을 거다. 수 십년간 살아온 같은 동네에서도 가게가 새롭게 들어서고, 생전 처음 보는 빵과 케익을 판다. 한동안 가지 않던 도서관에 가보면 신간 도서들이 들어와있다. 우리의 일상은 이렇게 변하지 않는 것 같아도 조용히 변화해 나간다. 우울증 환자라고 해서 매일 매일을 무력감으로 채워나가야 할 필요는 없다. 당신만의 재미를 찾아야 한다. 당신을 재미있게 가지고 놀아라. 그게 당신의 인생에 주어진 유일한 숙제다.

17. 신의와 배려는 드러나지 않는 나의 얼굴이다.

18. 로맹롤랑의 책 '마법에 걸린 영혼' 에서 '그늘의 나무에서 자란 인생의 빚만 늘고 있다'는 이야기가 나온다. 사람은 화초가 아니기에 언제든 피하고자 한다면 그늘에서 벗어날 수 있다.

19. 내면의 가치를 기우고 외면의 사치를 줄여라. 인생의 길흉화복은 운명이 만드는 것이 아니다.

20. 힘든 시기일 수록 선과 악은 모호해진다. 독단적 행동이 염세적 부정과 결합하면 긍정을 좀먹게 된다.

21. '의지의 결여'는 잃어버린 의지를 되찾아겠다고 마음먹은 출발점이 될 수 있다.

22. 삶이란 희망과 행복이 있기도 하지만 고통과 절망을 불러내기도 하는 괴물이다. 부정적 왜곡은 생각이나 감정을 불쾌하게 인식 시키는 유전자가 된다.

23. 추상적인 관념에 매달리면 현실의 당신을 잃어버리게 될 것이다. 시간은 그저 생각 속에서 흘러가는 게 아니라, 매 순간 선택이며 그것이 당신을 만든다.

24. 우울증의 고통은 관계성 없는 관계에서 시작되고 오랜 시간

지속될 수 있다. 우리 삶의 모순은 일정 부분 우리가 만들어 내는 것이다. 잘못된 의혹이나 질투로 행복을 잃어버리는 순간 희망이라 생각했던 것이 당신에게 절망이 되어 돌아올 것이다. 반대로 절망이라 생각했던 것이 오히려 희망이 되기도 한다. 삶의 역설이다.

25. 과장하고 포장하는 삶을 버려라. 그렇지 않으면 소중한 하루를 잃게 될 것이다. 자신을 지나치게 사랑하지 말라. 지나치게 믿지 말라. 내 자신을 한발 뒤에서 바라볼 수 있는 여유와 성숙함이 자라날 수록 당신이 삶을 주도 할 수 있다.

26. 성격이 편협하면 숨어 살게 된다. 숨는 자에게 낙원은 없다. 편견과 부정을 몰고 올 구름이 다가 올 것이다.

27. 인생은 필요한 것이 있어서 피로해 지고, 피로해 지기 때문에 필요한 것을 찾는다. 의외로 인생은 정직하다. 당신이 정직하면 삶은 복을 줄 것이고 당신이 거짓을 행하면 보복을 줄 것이다.

28. 교오(교만과 오만)는 카톨릭에서 큰 죄악 중 하나다. 생각의 부재나 과다는 잘못된 사고방식을 불러 일으킨다. 잘못된 생각은 당신의 경험을 무력화한다. 처량한 피해의식 속에 고민의 날들만 늘어날 것이다.

우울증 극복을 위한 처방 60가지

1. 내가 우울증 환자라는 것을 인정하자.

2. 치료약이 없는 병은 자신이 곧 치료제다. 진정한 의미의 우울증 치료제는 이미 당신이 가지고 있고, 당신만이 사용 가능하다. 그것을 깨닫는 순간 당신의 마음은 이미 치유되어 있을 것이다.

3. 우울증은 비자발적 고독이 낳은 자식이다. 거부할수록 불행한 오늘이 시작될 뿐이다.

4. 인생에서 꿈은 행복 안에서 자라는 열매와 같다. 이 열매를 맺게 하는 토양은 당신이다.
5. 인간의 정체성은 삶의 중요한 기억과 밀접한 관계가 있다.

6. 우울증은 아픈 기억을 묻으려는 본능에서 시작된다.
7. 행복한지 스스로 물어보라 그러면 더이상 행복하지 않을 것이다. 존 스튜어트 밀의 말이다. 행복은 원한다고 찾아오는 것이 아니라 생각을 긍정화 할 때 잉태된다.

8. 당신의 마음을 지배하라 그렇지 않으면 마음이 당신을 지배할 것이다. 우울증이 내마음을 조정하기 전에 지배하라.

9. 어두운 영혼이 내 육신을 지배하는 것은 인생을 자신의 속삭임 만으로 노래하고 있기 때문이다.

10. 무의식적 행동과 감각적 버릇이 우리 생각의 회로를 오염시킨다.

11. 인간의 불행은 자신이 관심을 가져야할 곳을 외면하는 습성 때문에 찾아든다.

12. 초라한 진실을 응시하지 않으면, 화려한 거짓말과 자기 연민 만이 남게 된다.

13. 친한 사람들끼리 있을 때 감정의 기복이 울렁거리며 우울증을 유발할 수도 있다 흥이 지난 뒤에 허탈감 때문이다.

14. 고난과 장애는 삶의 필연적인 요소다. 성공은 안주하는 순간 반드시 실패와 만난다.

15. 세상을 향해 낚시대를 던져라. 어느 순간 행운의 물고기가 낚일 것이다.

16. 당신의 우울증이 단순 스트레스라면 오히려 건강한 사람이다.

29. 어리석은 사람은 멋진 말을 따라하려 하지만, 지혜가 있는 사람은 실행 가능한 방법과 행동을 따라 간다.

30. 상념은 강박관념을 일으키고 쓸데없는 인정을 요구한다. 이 떻게 해야하는가? 프랭클린은 '그럼에도 삶에 대해 예스 (yes)라고 대답해야 한다'고 말했다. 긍정은 좋은 것만 생각하는 게 아니다. 부정적인 것까지도 이해하고 '그래 맞아 (yes)'라며 인정하는 것이 긍정이다.

31. 좁은 식견은 억지와 모순을 끌어 당기는 자석이다. 자석에 달라붙은 철가루처럼 마음에 불만이 쌓여간다.

32. 우울증은 당신의 삶에서 받게 되는 최악의 경고다. 이 비루한 시간에 대부분의 사람들은 변명과 핑계 외에는 아무 것도 하지 못한다.

33. 허영심을 경계하라. 허영심을 받아들이는 순간 잘못된 방식으로 행복을 만들어 낼 것이다.

34. 세상은 노력하지 않는 자에게 삶의 길을 열어 주지 않는다. 삶의 길은 매 순간이 시작점이다.

35. 마음의 병은 스스로 받은 상처의 수치심에서 온다. 상처를 입은 자신에 대한 부끄러움과 원망이 작은 상처를 크게 곪게 만든다.

36. 자신을 스스로 미워하는 것엔 몇 가지 이유가 있다. 가식을 먹으며 살아왔기 때문이다. 더 큰 문제는 이 같은 행동을 의식적으로 행한다는 것이다. 자신도 그게 가식이라는 걸 안다. 그럼에도 가식이 욕심을 부르고 무모한 행동을 부른다.

37. 우리 인생은 강점보다 약점이 앞서 달린다. 그럴수록 슬픔마저도 의지와 노력을 불사르는 연료로 사용해야 한다. 복서 무하마드 알리는 '세상의 불가능은 사실이 아니라 의견일 뿐이다'라고 말했다.

38. 하루 하루가 주인인 사람은 오늘을 즐기며 내일을 기다린다. 시간을 낭비하지 말라. 희망적인 환경을 만들라. 허무한 인생으로 연소되어 버리고 싶지 않다면.

39. 우울증에 취약한 사람중엔 비관적 사람 외에도 비타협적 성격인 사람들이 많다. 감정 기복이 심하고 공허감으로 충동적 행동을 일삼으며 우울증에 취약하다.

40. 마음과 생각의 틈에 해결할 수 없는 문제에 대한 욕망이 춤추며 산다. '내 앞의 해결 가능한 일'에 집중하자.

41. 과거의 시간이 너울거릴 수록 영혼은 시들어 간다. 구차해진 인생을 돌아볼 수록 치부만 드러난다. 자신에게 증오를 품을수록 고독이 몰려와 사랑도 사람도 모두 회피한다.

42. 소망은 각자의 권리일 수도 있고, 예외적인 의무일 수도 있다. 이는 주관적인 기대 때문이다. 어설픈 이유와 이해를 따를수록 분열된 정신이 잘못된 선택을 유발할 수 있다.

43. 우리는 긍정과 부정 사이에서 인생을 살아간다. 누구나 알고 있는 사실이지만, 이따금씩 긍정적인 마음 속에서도 허무함을 느낀다. 허무해지는 이유는 욕심 때문이다. 내가 노력한 것에 비해 나 자신이든, 타인이든, 이 세상이든 쉽게 바뀌는 건 없기 때문이다.

44. 나 자신이 아닌 것에 과도하게 매달리지 말아야 한다. 과거의 악몽과 상처가 고민거리가 되어 불행과 비극의 원인이 된다. 행복과 불행은 우리 스스로의 선택과 태도에 달려 있다.

45. 불안을 이겨내는 시간이 길어질 수록 치유가 빨라진다. 약물을 통한 플라시보 효과는 주로 편견과 오류에 의존하며 부작용도 발생할 수 있다.

46. 관계가 더 복잡해질수록 객관성을 잃을 수 있다. 시련에 직면하고, 가끔은 우울증이라는 어둠이 등장할 수 있다. 가수 레너드 코헨은 "신은 내가 견딜 수 있는 시련만 준다"라고 노래한다. 행복한 삶은 준비하는 사람이 아니라 시작하는 사람에게 도달한다. 인생이 완벽한 것은 아니지만, 행복과 불안은 항상 곁에 있다.

47. 의지가 의무의 압박을 느낄 때는 "삶은 삶이다"라는 간단한 논리가 답일 수 있다. 의미 없는 일에 에너지를 낭비해서는 안 된다. 지나치게 생각하지 말고, 또 지나치게 죽을 것처럼 살지 말아야 한다.

48. 삶의 다양한 경험 속에서 눈물이 흐를 수 있다. 고통과 어려움이 우울증을 유발할 때도 있겠지만, 사랑이 존재하는 한, 언젠가는 어려움을 극복해 나가면서 더 나은 곳으로 나아갈 수 있다. "고난을 뚫고 별까지(per aspera ad astra)"라는 표현처럼, 어려움을 극복하면 더 높은 목표를 향해 나아갈 수 있다.

49. 우울증 완치에 집착하지 말고, "되는구나"와 같은 정도의 위로로 만족하라. 헤르만 헤세는 "삶은 죽음보다 강하고, 믿음은 의심보다 강하다"는 말을 했다. 우울증의 특징은 가짜 감정과 인위적인 감정이다.

50. 나쁜 습관을 버리는 것만으로는 좋은 버릇이 생기지 않는다. 그러나 좋은 버릇을 갖게 되면 나쁜 습관은 자연스럽게 사라진다. 행운을 찾는 것에 너무 집착하지 말라. 행운을 바라는 마음이 고통을 가져올 수 있다. 우울증에는 긍정적 인내가 필요하다.

51. 눈물은 마음을 정화시키는 역할을 한다. 울음을 참는 것은

불행의 원인이 될 수 있다. 불완전함은 인간의 본질이다. 삶의 목표와 목적이 없을 때, 모든 것이 끝인 것처럼 보일 수 있다. 하지만, 삶의 새로운 가능성은 항상 열려 있다.

52. 변화와 진화를 중요하게 생각해야하는 이유는 내 삶을 더욱 풍요롭게 만들기 위함이다. 변화와 진화를 위한 과정 속에서 후회는 필수적이다. 후회는 나쁜 것이 아니다. 후회만 반복하고 고칠 생각은 하지 않는 게 문제다.

53. 맥락없고, 쓸데없는 말이 많을수록 기우와 염려를 동반할 수 있다. "지옥은 텅 비어있고 악마는 모두 이곳에 있다"는 셰익스피어의 말이 있다. 자기 말에 스스로 빠져서 무엇이 진실인지, 거짓인지를 분간하지 못하고 허우적대지 않도록 하라.

54. 좌절은 열정이 식어간다는 신호일 수 있다. 그러나 불안한 마음을 다른 누군가에게 잘 설명할 수 있다면 그것이 곧 용기가 된다.

55. 인간이 우유부단해지는 이유는 하나의 선택에서 두가지 서로 다른 행복의 결과를 모두 얻고 싶은 마음을 품기 때문일 수 있다. 나의 행복은 사실 타인과 나눌 수 있는 것이 아니다. 내가 행복한 것을 다른 사람도 동일하게 느끼길 바라는 것은 욕심이며 이기적인 강요일 수 있다.

56. 작은 진실의 고통을 감추기 위해 거짓말로 포장하는 경우가 있다. 삶이 고통스러울 수 있다. 평생에 걸친 고통을 선택하고 싶지 않다면, 순간의 부끄러움은 감수 해야 한다. "하고 싶다"라고 말하는 것이 중요하다. 이 세상은 다양한 가능성으로 열려있다. 좌절과 실패를 통해 믿음의 가지가 자란다.

57. 판단력이 부족한 사람은 비현실적인 착시를 현실로 받아들일 수 있다. 고통과 마주하는 것이 무서워서 자신을 속이려고 하는 것은 어리석은 행동이다.

58. 애매한 감정에 묶이는 것은 좋지 않다. 이런 감정은 예측을 어렵게 하며, 예측 가능한 사랑이 진정한 사랑이 아닐 수 있다.

59. 비난을 통해 방어와 회피의 본능이 나타난다. 타인에게 피해를 주고 실패한 삶을 살아가는 사람들은 늘 자신에 대한 책임을 회피하고 다른 사람들을 비난한다.

60. 믿음과 의심 사이의 균형을 유지하라. 과한 믿음과 과한 의심 모두 경계해야 한다.

글을 마치며

우리는 익숙한 길만을 걸어가려 합니다.
그래서 한 곳에서 아주 오래 살아온 사람도
의외의 지름길이 있다는 걸 모르고 살아갑니다.

내가 발딛고 걷는 길 어디 하나 다른이가
한 번도 걸어가 본 적 없는 그런 길은 없습니다.
새벽 찬바람이 부는 길을 혼자 걷는 순간에도
당신은 혼자가 아닙니다.

나의 가족, 소중한 친구, 나보다 더 가난하고
어려운 처지의 사람과 사랑을 나누며 살아가시길 바랍니다.

메마른 사막에서 우물을 찾은 어떤 이가
우울증을 앓으시는 분들을 위해 이 글을 남기고 갑니다.

항상 주변을 돌아 보십시오. 멀지 않은 곳에 우물이 있습니다.
그것은 여러분들의 눈 앞에 있습니다.

우울해의 바다를 건너며

1판 1쇄 발행 2022년 12월 20일

지은이 김태식
발행인 문흥주
발행처 대신북스

표지 및 내지 디자인 호랑공방

주소 서울시 동작구 여의대방로 22바길 36 301
전화 070) 8108-3468
팩스 02) 6499-6299

이 책은 저작권법에 따라 보호를 받는 저작물이므로 무단전재와 복제를 금하며,
이 책 내용의 전부 또는 일부를 사용하려면 반드시
저작권자와 출판사 대신북스의 서면 동의를 받아야 합니다.

잘못되거나 파손된 책은 구입하신 서점에서 교환해드립니다.
책값은 뒤표지에 있습니다.

ISBN 978-89-964620-8-8 03810